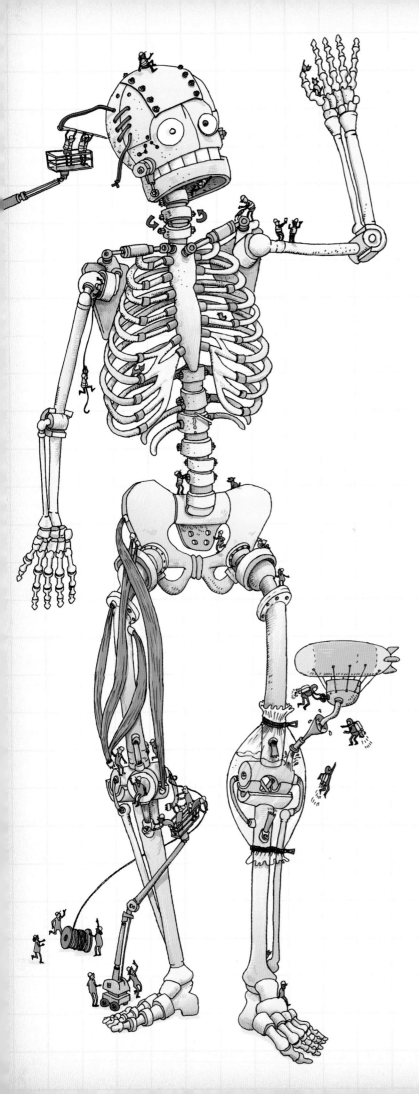

Título original: *Stuff You Should Know About the Human Body*
Publicado por primera vez en Reino Unido en 2017 por
QED Publishing.
Parte de The Quarto Group.

© 2017 QED Publishing
© 2018 de la edición española:
Grupo Edebé
Paseo de San Juan Bosco, 62
08017 Barcelona. España

Impreso en China – *Printed in China*

Autor: John Farndon
Ilustrador: Tim Hutchinson
Editora: Marta Sans
Directora de Publicaciones Generales: Reina Duarte

© de la traducción: Raquel Sola

ISBN: 978-84-683-3422-6
Depósito legal: B. 17247-2017

Atención al cliente: 902 44 44 41
contacta@edebe.net
www.edebe.com

COSAS QUE TE GUSTARÁ SABER SOBRE EL CUERPO HUMANO

John Farndon

Tim Hutchinson

edebé

ÍNDICE

* INDICA QUE ES UNA SECCIÓN DESPLEGABLE.

¡BIENVENIDO A TU CUERPO!

El cuerpo humano adopta formas y tamaños distintos, pero ¿cómo es nuestro interior? Un equipo de pequeños guías te acompañarán en un sorprendente y emocionante viaje por todo tu cuerpo. Aquí tienes algunos de los extraños lugares que visitarás...

CENTRO DE CONTROL

Echa un vistazo al interior de tu cerebro mientras el equipo de control está alerta para recibir las señales de peligro de todo el cuerpo y enviar mensajes para coordinar los movimientos y el comportamiento de tu cuerpo.

SI EXTENDIESES TUS NERVIOS DE PUNTA A PUNTA, ALCANZARÍAN 75 KM.

TU CEREBRO TIENE UNOS 86 MIL MILLONES DE NEURONAS.

CENTRAL ENERGÉTICA

Ven con nosotros al interior de tu corazón. Mira cómo se abren y se cierran sus válvulas más de 70 veces por minuto. Observa cómo se contraen los músculos cardiacos al bombear 350 litros de sangre por hora.

CADA OJO TIENE 130 MILLONES DE CÉLULAS SENSIBLES A LA LUZ EN UNA ZONA DEL TAMAÑO DE UN SELLO.

GUERRA DE GÉRMENES

¡Siente el miedo! Ponte el traje de batalla para unirte a los heroicos ejércitos de tu sistema inmunitario en su lucha contra los malvados gérmenes invasores. Descubre a los linfocitos T asesinos, los supercombatientes embarcados en su misión para eliminar gérmenes.

PISTA RÁPIDA

Viaja por el nervio exprés que transporta rápidamente su mensaje por las neuronas. Presencia una reacción refleja cuando responde a una alerta de dolor. ¡Mira cómo las señales saltan veloces por el espacio sináptico!

ESTACIÓN DEPURADORA

Sumérgete en el intestino grueso, la gran tubería blanda por la que se expulsa la comida no deseada. Siente cómo sus músculos estrujan la comida por su interior. Observa su propulsión en acción para ahorrar hasta la última gota de agua. Necesitarás un traje de buzo.

LEVANTADOR DE PESAS

Monta en la potente máquina que es el músculo bíceps de tu brazo. ¡Observa el poderoso equipo de sarcómeros tirando a la vez! Fíjate en cómo los superganchos del músculo se ensamblan cuando se preparan para actuar.

SI TODOS TUS MÚSCULOS TIRARAN A LA VEZ, PODRÍAN LEVANTAR UN AUTOBÚS.

¿Estás listo? Sube a bordo y únete a nosotros en nuestro viaje por este milagro que chapotea, sorbe, cruje, palpita y burbujea... ¡YA!

¿DE QUÉ ESTÁ HECHO TU CUERPO?

Tu cuerpo es una de las partes más complejas del universo. Sus materiales básicos son elementos sencillos que se combinan para crear moléculas; las moléculas forman células; las células se unen para hacer tejidos, y los tejidos dan lugar a los órganos.

1. ELEMENTOS QUÍMICOS

Eres un aparato químico andante. Tu cuerpo contiene por lo menos 60 elementos distintos, y un 99 % de ti está constituido por solo 6 de ellos. Los elementos se combinan para formar moléculas simples como el agua y complejas como las proteínas.

CARBONO (18 %)

OXÍGENO (65 %)

HIDRÓGENO (10 %)

NITRÓGENO (3 %)

CALCIO (1,5 %)

FÓSFORO (1 %)

OTROS OLIGO-ELEMENTOS (1,5 %)

MINERALES

El calcio y el fósforo fortalecen tus huesos. El hierro ayuda a transportar oxígeno por la sangre. Minerales como el cobalto y el cobre también son importantes.

CARBOHIDRATOS

Los carbohidratos son tu combustible. Circulan por la sangre como azúcares simples (la glucosa), o se almacenan como glucógeno en el hígado y los músculos.

AGUA

Un 60 % de tu cuerpo es agua. Hay agua en tus células y fluidos corporales, como la sangre y la linfa.

PROTEÍNA

Las proteínas constituyen el 20 % de tu cuerpo. Algunas construyen células y tejidos, y otras hacen cosas como enviar mensajes químicos (hormonas).

GASES

Tu cuerpo contiene gases, como el oxígeno y el dióxido de carbono. Algunos están disueltos en fluidos y otros son burbujas de gas en los pulmones o en los intestinos.

GRASAS

Las grasas «esenciales» colaboran en determinadas funciones del cuerpo, y la grasa «almacenada» es una reserva de energía. La grasa también te protege del frío.

2. CÉLULAS

Las moléculas forman pequeños paquetes llamados células. Cada célula es un minúsculo organismo y contiene su propio conjunto de instrucciones vitales en forma de genes (ADN). ¡Tu cuerpo contiene 30 trillones!

5. ÓRGANOS

Distintos tejidos se unen para formar órganos como el corazón, el hígado y los ojos.

TEJIDO CONECTIVO

El tejido conectivo es el «pegamento» de tu cuerpo que rellena el espacio entre otros tejidos y los mantiene unidos. Se presenta en varias formas, como tejido adiposo (grasa), hueso y sangre. Pero se compone de tres partes: células, fibras como el colágeno y una matriz (el material que sujeta las células y las fibras).

Cerebro

Corazón

Piel

Hígado

4. TEJIDOS

Las células construyen tejidos. Muchos están formados solo por un tipo de célula. El tejido epitelial, que forma la piel, está compuesto por tres tipos. Y el tejido muscular, por unas largas células especiales que pueden contraerse.

Riñón

Pulmones

3. DIVISIÓN CELULAR

Tu cuerpo nace a partir de una célula y crece cuando las células se dividen en dos una y otra vez. Las primeras células son células no especializadas llamadas células madre. Pero estas se dividen en células distintas especializadas. Hay unos 200 tipos de células especializadas, desde minúsculos gránulos en el cerebro hasta células nerviosas que van de la espalda a los dedos de los pies.

PRODUCCIÓN CELULAR

Células epiteliales

Células sanguíneas

Células nerviosas

Osteocitos (células óseas)

Células epiteliales (revestimiento intestinal)

9

¿QUÉ CONTIENE UNA CÉLULA?

Tu cuerpo está formado por trillones de células tan minúsculas que solo puedes verlas con un microscopio potente. Cada célula es una fábrica química siempre activa.

LA FÁBRICA

Cada célula está rodeada por una fina pared o membrana, con minúsculas escotillas que dejan entrar y salir los elementos químicos adecuados. La célula se mantiene unida por una estructura o «citoesqueleto» de tubos llamados microtúbulos. En su interior hay un fluido viscoso, el citoplasma. «Cito» significa 'célula'. Dentro del citoplasma flotan unos órganos diminutos u orgánulos. Todos tienen una función concreta.

CONTROL DEL NÚCLEO

NUCLEOLO

ARNm

RER

1. CENTRO DE CONTROL

El núcleo es el centro de control. Allí todos los programas para que tu cuerpo esté vivo se almacenan en unas cadenas de ADN químico. El ADN es como la memoria de un ordenador. Cada cadena es una lista de instrucciones para fabricar proteínas para construir un cuerpo humano.

2. ENVÍO DE INSTRUCCIONES

Para seguir funcionando, la célula solo necesita algunas proteínas. Así pues, se copian secciones de ADN con las instrucciones correctas en un ADN llamado ARN mensajero o ARNm. Las copias se envían para fabricar proteínas mientras el ADN está a salvo.

3. RECOGIDA DE MATERIALES

Fuera del núcleo, el ARNm rápidamente se alía con el ARN transferente o ARNt. Enseguida, el ARNt recoge los aminoácidos que están alrededor de la célula.

Aminoácidos

ARNt

MITOCONDRIAS

CENTRALES ENERGÉTICAS

Las mitocondrias son las centrales energéticas de las células. La energía llega en forma de glucosa vertida en la sangre. Con oxígeno, las mitocondrias convierten la glucosa en trifosfato de adenosina (ATP), que es un almacén de energía.

ATP

Ribosomas

LIMPIEZA

Todas las fábricas necesitan un equipo de limpieza y mantenimiento. Este trabajo lo realizan los lisosomas, que descomponen y tiran los residuos.

Lisosomas

5. FÁBRICA DE PROTEÍNAS

Cuando el ARNt entrega aminoácidos, los ribosomas empiezan tejiendo proteínas en la secuencia dada por el ANRm. Los ribosomas en el RER fabrican proteínas para enviarlas a tu cuerpo. Los ribosomas libres fabrican proteínas para la célula.

Proteína

4. TRABAJADORES

Mientras, los fabricantes de proteínas llamados ribosomas salen del nucleolo, en el corazón del núcleo. La mayoría se dirige hacia la principal línea de montaje de proteínas: el RER (retículo endoplasmático rugoso). Las grasas se fabrican en el retículo endoplasmático liso.

Vacuolas

ENVÍOS GOLGI

6. EMBALAJE Y ENVÍO

Cuando salen del RER, las nuevas proteínas son llevadas rápidamente por las vacuolas y entregadas al aparato de Golgi, que es la central de envíos. Allí las proteínas se envuelven en paquetes llamados vesículas y se envían a otra parte del cuerpo.

PUNTO DE CONTROL

7. ENVÍOS Y SEGURIDAD

La célula toma contacto con el entorno exterior a través de la membrana. Esta regula lo que entra y sale de la célula.

¿CÓMO FUNCIONA TU CUERPO?

Está formado por trillones de células separadas y muchos órganos distintos, pero todos funcionan juntos en sistemas. Algunos de estos sistemas, como el esqueleto, abarcan todo tu cuerpo. Otros son locales, como el sistema urinario, que controla el contenido del agua de tu cuerpo.

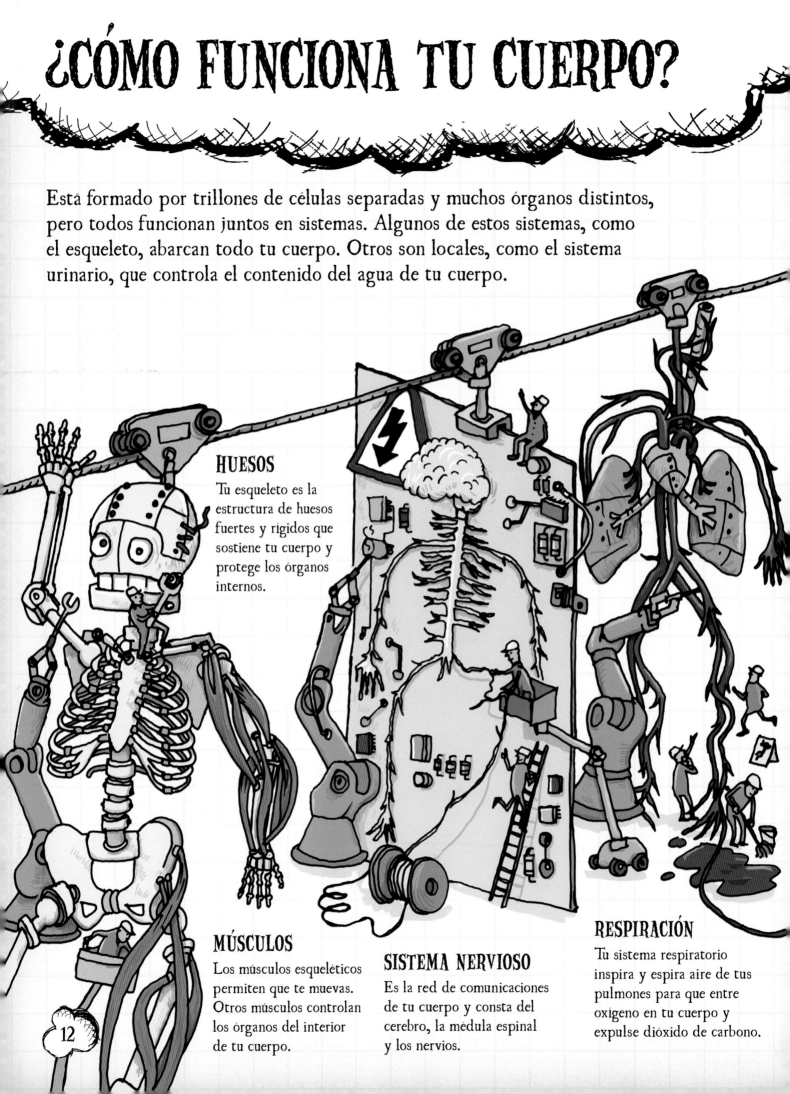

HUESOS

Tu esqueleto es la estructura de huesos fuertes y rígidos que sostiene tu cuerpo y protege los órganos internos.

MÚSCULOS

Los músculos esqueléticos permiten que te muevas. Otros músculos controlan los órganos del interior de tu cuerpo.

SISTEMA NERVIOSO

Es la red de comunicaciones de tu cuerpo y consta del cerebro, la médula espinal y los nervios.

RESPIRACIÓN

Tu sistema respiratorio inspira y espira aire de tus pulmones para que entre oxígeno en tu cuerpo y expulse dióxido de carbono.

AGUA

El sistema urinario mantiene los niveles de agua casi constantes y elimina el exceso de agua en forma de orina.

LINFA

Tu sistema linfático es una red de tuberías que transporta células inmunitarias para combatir las enfermedades por todo el cuerpo.

PROCESADO DE ALIMENTOS

Tu sistema digestivo descompone los alimentos que comes y los convierte en partículas químicas que el cuerpo puede absorber y usar.

REPRODUCCIÓN

El sistema reproductor incluye los genitales y sus partes internas. Permite que las personas tengan hijos.

RESIDUOS

Tu sistema digestivo también se libera de los alimentos sólidos no deseados y los expulsa por el ano.

DEFENSA CONTRA LAS ENFERMEDADES

El sistema inmunitario es una compleja defensa de tu cuerpo contra los gérmenes. Incluye el sistema linfático, así como glóbulos blancos y anticuerpos.

SANGRE

El corazón y la circulación de la sangre conforman el sistema cardiovascular; proporcionan oxígeno y comida a las células de tu cuerpo, eliminan los residuos de las células y ayudan a tu cuerpo a combatir los gérmenes.

¿CÓMO RESPIRAS?

Las células de tu cuerpo necesitan oxígeno para producir energía. Sin él, las células mueren. Por esta razón, respiras, para obtener oxígeno del aire. Si dejas de respirar aunque solo sea por unos minutos, puedes perder la consciencia y morir pronto. Por fortuna, tus pulmones son un sistema increíble que extrae montones de oxígeno del aire cada pocos segundos.

1. HINCHAR TU PECHO

La respiración empieza en el diafragma, que es una membrana muscular que se extiende bajo los pulmones. Cuando respiras, se tensa y alisa, dejando más espacio para los pulmones. Al mismo tiempo, los músculos que están entre tus costillas empujan tu pecho hacia arriba y hacia fuera.

Costillas •

2. INSPIRAR

Cuando tu pecho se expande, hace que entre aire por la boca o la nariz. El aire entra por la tráquea hasta que llega a una bifurcación dentro de tu pecho. Aquí las vías respiratorias se dividen en dos, con ramas o «bronquios» que conducen al pulmón derecho y al izquierdo. Tus pulmones se llenan de aire como globos.

Diafragma

3. EN LA SANGRE

Dentro de los pulmones, las vías respiratorias se dividen en millones de minúsculos bronquiolos. En el extremo de cada bronquiolo hay pequeños saquitos agrupados como racimos de uvas. Estas bolsas de aire, o «alveolos», tienen el grosor de una célula y están envueltas por diminutos vasos sanguíneos. El oxígeno se filtra desde los alveolos al torrente sanguíneo y es transportado rápidamente allí donde se necesita.

Tráquea

Bronquios

Alveolos

Oxígeno en la sangre

Dióxido de carbono en los pulmones

RESPIRAR HONDO

Cuando corres deprisa, tus músculos trabajan más. Necesitan más oxígeno y generan más dióxido de carbono. Así que tienes que respirar más profundamente y unas cuatro o cinco veces más rápido.

4. GAS RESIDUAL

Unos pocos segundos después tienes que espirar de nuevo y no solo para dejar espacio para inspirar aire fresco, sino para librarte del gas residual. Este gas residual es dióxido de carbono. Se forma cuando tus células queman oxígeno, pero demasiado es venenoso para el cuerpo, de modo que tu sangre lo lleva hasta los pulmones para que lo expulses cuando espiras.

5. ESPIRAR

La expulsión de aire empieza cuando el diafragma se relaja y se eleva bajo los pulmones. Al mismo tiempo, los músculos de las costillas se relajan y dejan que tu pecho baje. Cuando tu pecho se contrae, los pulmones también. El aire con más dióxido de carbono es obligado a salir de tus pulmones por la tráquea, y luego por la boca o la nariz.

Aire expulsado

Los pulmones se contraen.

El diafragma se relaja.

¿POR QUÉ LA SANGRE ES ROJA?

La sangre es el sistema de transporte de tu cuerpo. Lleva oxígeno y alimento a tus células. Arrastra los residuos hacia el hígado y los riñones para eliminarlos, y enseguida aportar células especiales para combatir infecciones. ¡Incluso te mantiene caliente! ¡No es extraño que sea un sistema tan complejo!

PLASMA SANGUÍNEO

Todos los ingredientes flotan en un fluido amarillento llamado plasma. El plasma forma parte de más de la mitad de la sangre y principalmente es agua.

GLÓBULOS ROJOS

La sangre es roja porque contiene 25 trillones de glóbulos rojos en forma de botón, y el cuerpo fabrica unos 2 millones nuevos cada segundo. Están constantemente en acción transportando oxígeno rápidamente de los pulmones al cuerpo.

TU SANGRE

Si te desangras, te puede salvar una transfusión de sangre de otra persona. Para que funcione, la nueva sangre debe ser del tipo correcto. Hay cuatro grupos principales de sangre humana (O, A, B y AB), y no se mezclan porque el sistema inmunitario de tu cuerpo combatiría la sangre procedente de otro grupo.

1. CARGAR

Los glóbulos rojos contienen complicadas moléculas especiales llamadas hemoglobina. Cuando los glóbulos rojos pasan barriendo los pulmones, la hemoglobina recoge una carga de oxígeno.

2. BRILLAR

La hemoglobina es de color rojo brillante cuando está cargada de oxígeno, dando a la sangre un rojo intenso. Los glóbulos rojos que transportan oxígeno son bombeados allí donde son necesarios.

3. LIBERAR

Cuando un glóbulo rojo llega a su destino, la hemoglobina suelta el oxígeno. La célula deja de brillar y se vuelve de color púrpura. Está lista para recoger otra carga.

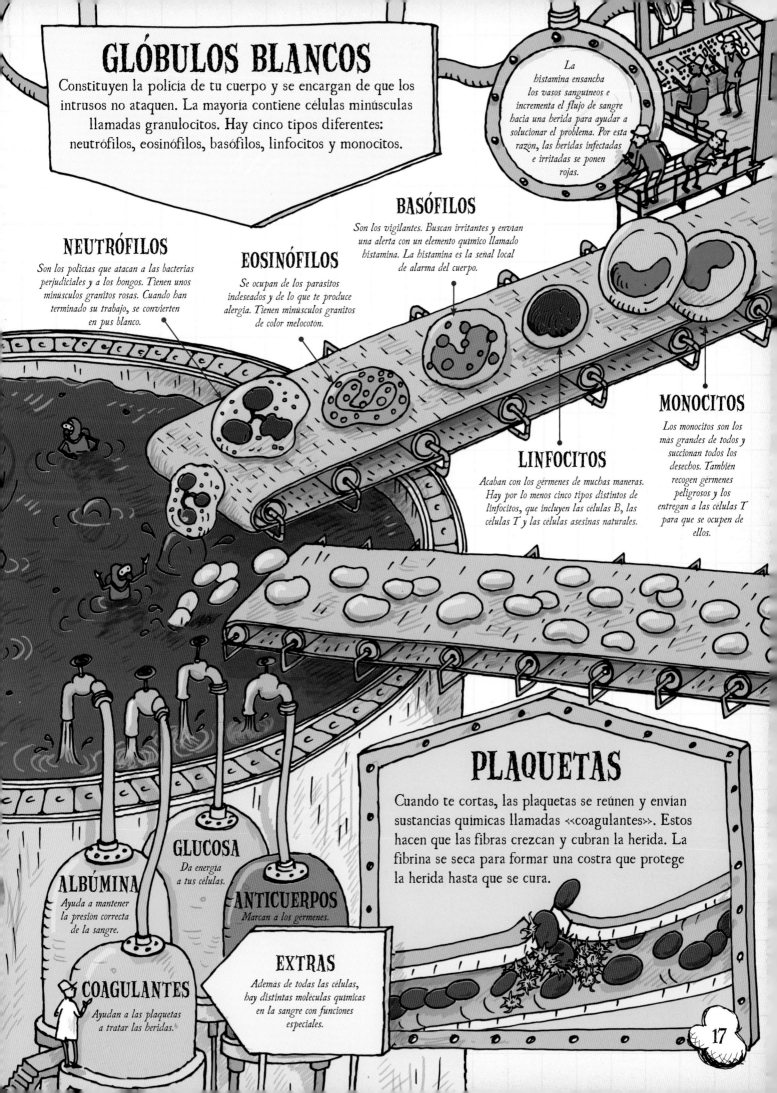

GLÓBULOS BLANCOS

Constituyen la policía de tu cuerpo y se encargan de que los intrusos no ataquen. La mayoría contiene células minúsculas llamadas granulocitos. Hay cinco tipos diferentes: neutrófilos, eosinófilos, basófilos, linfocitos y monocitos.

La histamina ensancha los vasos sanguíneos e incrementa el flujo de sangre hacia una herida para ayudar a solucionar el problema. Por esta razón, las heridas infectadas e irritadas se ponen rojas.

NEUTRÓFILOS

Son los policías que atacan a las bacterias perjudiciales y a los hongos. Tienen unos minúsculos granitos rosas. Cuando han terminado su trabajo, se convierten en pus blanco.

EOSINÓFILOS

Se ocupan de los parásitos indeseados y de lo que te produce alergia. Tienen minúsculos granitos de color melocotón.

BASÓFILOS

Son los vigilantes. Buscan irritantes y envían una alerta con un elemento químico llamado histamina. La histamina es la señal local de alarma del cuerpo.

MONOCITOS

Los monocitos son los más grandes de todos y succionan todos los desechos. También recogen gérmenes peligrosos y los entregan a las células T para que se ocupen de ellos.

LINFOCITOS

Acaban con los gérmenes de muchas maneras. Hay por lo menos cinco tipos distintos de linfocitos, que incluyen las células B, las células T y las células asesinas naturales.

ALBÚMINA

Ayuda a mantener la presión correcta de la sangre.

GLUCOSA

Da energía a tus células.

ANTICUERPOS

Marcan a los gérmenes.

COAGULANTES

Ayudan a las plaquetas a tratar las heridas.

EXTRAS

Además de todas las células, hay distintas moléculas químicas en la sangre con funciones especiales.

PLAQUETAS

Cuando te cortas, las plaquetas se reúnen y envían sustancias químicas llamadas «coagulantes». Estos hacen que las fibras crezcan y cubran la herida. La fibrina se seca para formar una costra que protege la herida hasta que se cura.

② EL SISTEMA CIRCULATORIO

El sistema circulatorio recorre todo tu cuerpo. Transporta la sangre rica en oxígeno desde el corazón. Luego distribuye esta sangre por todo el cuerpo.

A LA CABEZA Y LOS BRAZOS

AL CUERPO Y LAS PIERNAS

③ SUPERAUTOPISTA DE SANGRE

Cuando la sangre abandona tu corazón, entra en una superautopista llamada aorta. Esta se divide en la aorta ascendente (que va hasta tu cabeza y los brazos) y la aorta descendente (que baja hacia el resto de tu cuerpo y las piernas).

CORAZÓN

CONTROL DE TRÁFICO

Todo, excepto los minúsculos vasos sanguíneos, tiene paredes musculares que controlan el flujo sanguíneo y se ensanchan o estrechan para dirigir la sangre hacia donde es necesaria.

Los músculos de las arterias se dilatan o contraen para mantener la presión sanguínea estable. Así se asegura que esta sea lo suficientemente fuerte para llevar sangre a todas las células sin romper los capilares. Las válvulas de las venas garantizan que la sangre solo fluya hacia el corazón.

⑩ RECORRIDO

Las venas llevan sangre a las dos superautopistas llamadas venas cavas. La sangre de la parte superior del cuerpo entra por la vena cava superior. Desde abajo, pasa por la vena cava inferior.

¿ADÓNDE VA LA SANGRE?

Las células de tu cuerpo necesitan una provisión de oxígeno constante y es función de tu sangre proporcionársela. Bombeada por tu corazón, la sangre recoge oxígeno de tus pulmones y lo distribuye por una red de conductos. Entonces viaja de nuevo hacia tus pulmones para recoger más oxígeno.

1 PULMONAR

Pulmonar significa 'relacionado con los pulmones'. La red pulmonar es una corta red que transporta sangre de tu corazón a tus pulmones. Allí recoge oxígeno y lo lleva de vuelta a tu corazón, listo para entrar en el sistema que transporta la sangre por todo el cuerpo.

RECOGIDA DE OXÍGENO

PULMONES

RECOGIDA DE OXÍGENO

A LA CABEZA

11 EL ÚLTIMO TRAMO

En la etapa final del viaje, las dos venas cavas transportan la sangre antigua al corazón, preparada para ser bombeada al sistema pulmonar y recoger una provisión de oxígeno fresco. ¡Todo el viaje ocurre en apenas 90 segundos!

¿CÓMO LATE TU CORAZÓN?

Tu corazón es una pequeña superbomba. Durante toda tu vida, está ocupado bombeando y enviando sangre a todo el cuerpo. Puede hacerlo porque está formado por un músculo «cardiaco» especial que se contrae y relaja automáticamente.

1 PREPARADO...

Cada vez que tu corazón late repite la misma secuencia, llamada ciclo cardíaco, cuando cada compartimento se contrae (fase sístole) y se relaja lentamente (fase diástole). Todo empieza con los músculos del corazón relajados y la sangre llenando cada aurícula.

BOMBA DOBLE

Tu corazón no es solo una bomba sino dos, separadas por una gruesa pared central llamada septo. El lado izquierdo es la bomba más potente porque bombea sangre cargada de oxígeno desde los pulmones a todo el cuerpo. El lado derecho es más débil porque solo tiene que bombear sangre por los pulmones para recoger oxígeno.

2 ¡CONTRAE!

Una contracción recorre el corazón desde arriba y de izquierda a derecha, comprimiendo cada aurícula en una sístole. Entonces, la sangre que hay en cada aurícula presiona la válvula del ventrículo. Esta se abre como una trampilla y la sangre pasa por allí.

A LA AURÍCULA

AURÍCULA

VENTRÍCULO

A LA AURÍCULA

CÁMARA DOBLE

Cada lado de tu corazón tiene dos cámaras. Una superior, la aurícula, donde se acumula la sangre, y una inferior, el ventrículo, que es la principal cámara de bombeo. Las aurículas están separadas de los ventrículos por una gran válvula. Y los ventrículos también tienen una válvula pequeña que deja salir la sangre.

A LOS PULMONES

AURÍCULA

SEPTO

VENTRÍCULO

4 RELAX...

Cuando se ha realizado el bombeo, empieza la diástole. Los músculos del corazón se relajan, las válvulas se cierran y la sangre comienza a llenar las aurículas. Cuando están llenas, todo el ciclo se inicia de nuevo. Todo ocurre en apenas un segundo.

3 ¡SALIDA!

Las válvulas solo permiten que la sangre fluya en un sentido, de modo que no puede retroceder a la aurícula. Cuando la contracción muscular alcanza el ventrículo, la sangre presiona la válvula más pequeña en la parte inferior del ventrículo, esta se abre y la sangre sale hacia los conductos que la transportan fuera del corazón.

LATIDO DEL CORAZÓN

Cada vez que tu corazón bombea, el cierre de las válvulas genera una sacudida que recorre toda tu sangre. Esta sacudida es el latido de tu corazón. Puedes sentir tus latidos en forma de pulsaciones en los vasos sanguíneos más importantes cercanos a la superficie de tu piel, como en las muñecas o el cuello. Tu corazón normalmente late entre 60 y 100 veces por minuto. Si haces ejercicio, tu ritmo cardíaco se acelera porque tus músculos piden más oxígeno.

6 SERVICIO PUERTA A PUERTA

Los capilares son tan minúsculos que pueden transportar sangre a todos los tejidos para llevar alimentos a las células. Es la sangre capilar la que da a las células todo lo que necesitan, como el oxígeno y la glucosa.

7 RECOGIDA

Una vez entregadas las provisiones, la sangre necesita regresar a por más. Así pues, una segunda red de capilares reúne toda la sangre y con ella todos los residuos de las células, inclusive el dióxido de carbono.

CÉLULA

8 SISTEMA DE RETORNO

Los capilares entregan sangre en unos tubos locales un poco más anchos llamados vénulas. Estas vierten después la sangre en unos conductos más anchos, las venas.

4 BIFURCACIONES

Desde la aorta, unos conductos más estrechos llamados arterias se bifurcan para transportar sangre a cada rincón de tu cuerpo. Estos vasos sanguíneos son las arterias que transportan la sangre desde el corazón.

5 REDES LOCALES

Las arterias se ramifican en redes locales de arteriolas por todo el cuerpo, que se dividen en vasos sanguíneos aún más pequeños llamados capilares.

CAPILARES

9 RAPIDEZ

Las venas devuelven la sangre al corazón. La sangre de las venas ha entregado el oxígeno a las células. El oxígeno es lo que hace que la sangre tenga un color rojo brillante. Por eso, la sangre de las arterias es rojo vivo y la de las venas, púrpura.

AL CORAZÓN

¿CÓMO TE MUEVES?

Necesitas músculos para moverte e incluso para estar quieto. Sin músculos, te derrumbarías como un abrigo viejo. Los músculos son unos motores sorprendentes que funcionan cuando tú quieres, al instante, tensándose y relajándose.

MÚSCULOS A DEMANDA

Tienes dos tipos de músculos. Hay más de 650 músculos «voluntarios» o «esqueléticos» cubriendo tu esqueleto, que puedes controlar con la mente. Estos son los músculos que mueves. También hay músculos «involuntarios» en tu interior, que controlan automáticamente funciones como los latidos del corazón.

MÚSCULO MARATÓN

El músculo cardiaco es el músculo especial que hace que tu corazón lata. Su combinación de músculo estriado (ver más abajo) y músculo liso está hecha para resistir. Se contrae por lo menos una vez por segundo durante toda tu vida.

MÚSCULOS INVOLUNTARIOS

Los músculos en tu interior suelen trabajar automáticamente, moviéndose casi sin pensar, incluso cuando estás dormido.

Hay dos tipos de músculos involuntarios: los músculos lisos y los músculos cardiacos. Los músculos lisos, como los que tienes en los intestinos y en los vasos sanguíneos, están constituidos por capas que forman tubos o bolsas. El otro tipo de músculo involuntario es el cardiaco, que hace funcionar tu corazón.

MÚSCULO PARA RESPIRAR

Tu diafragma es una membrana de músculo que se extiende por el interior del abdomen y te ayuda a respirar. A diferencia de otros músculos interiores, es un músculo esquelético. Suele trabajar automáticamente, pero puedes controlarlo con la mente.

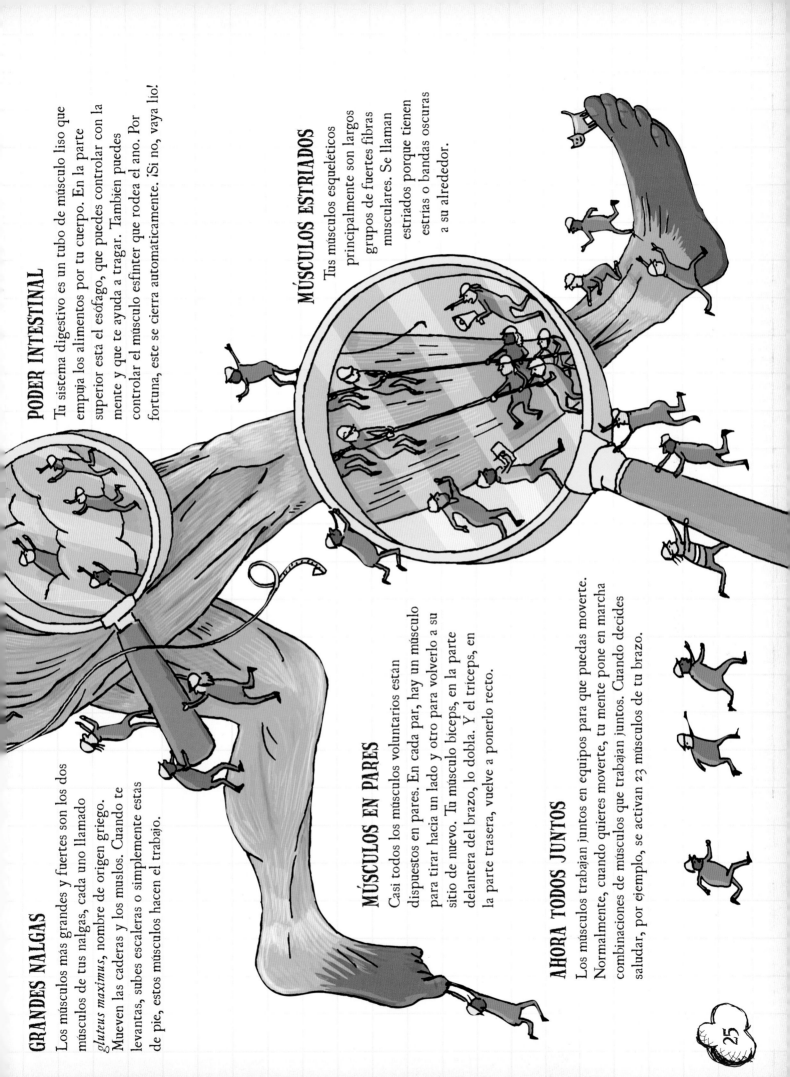

GRANDES NALGAS

Los músculos más grandes y fuertes son los dos músculos de tus nalgas, cada uno llamado *gluteus maximus*, nombre de origen griego. Mueven las caderas y los muslos. Cuando te levantas, subes escaleras o simplemente estás de pie, estos músculos hacen el trabajo.

PODER INTESTINAL

Tu sistema digestivo es un tubo de músculo liso que empuja los alimentos por tu cuerpo. En la parte superior está el esófago, que puedes controlar con la mente y que te ayuda a tragar. También puedes controlar el músculo esfínter que rodea el ano. Por fortuna, este se cierra automáticamente. ¡Si no, vaya lío!

MÚSCULOS ESTRIADOS

Tus músculos esqueléticos principalmente son largos grupos de fuertes fibras musculares. Se llaman estriados porque tienen estrías o bandas oscuras a su alrededor.

MÚSCULOS EN PARES

Casi todos los músculos voluntarios están dispuestos en pares. En cada par, hay un músculo para tirar hacia un lado y otro para volverlo a su sitio de nuevo. Tu músculo bíceps, en la parte delantera del brazo, lo dobla. Y el tríceps, en la parte trasera, vuelve a ponerlo recto.

AHORA TODOS JUNTOS

Los músculos trabajan juntos en equipos para que puedas moverte. Normalmente, cuando quieres moverte, tu mente pone en marcha combinaciones de músculos que trabajan juntos. Cuando decides saludar, por ejemplo, se activan 23 músculos de tu brazo.

¿CÓMO TRABAJAN TUS MÚSCULOS?

Los músculos son grupos de células en forma de cuerda llamadas fibras musculares. Estas fibras solo hacen una sencilla función, se contraen o se encogen. Cuando se encogen, los músculos tiran para unir dos puntos de tu esqueleto. En cada movimiento que realizas, ahí están los músculos contrayéndose.

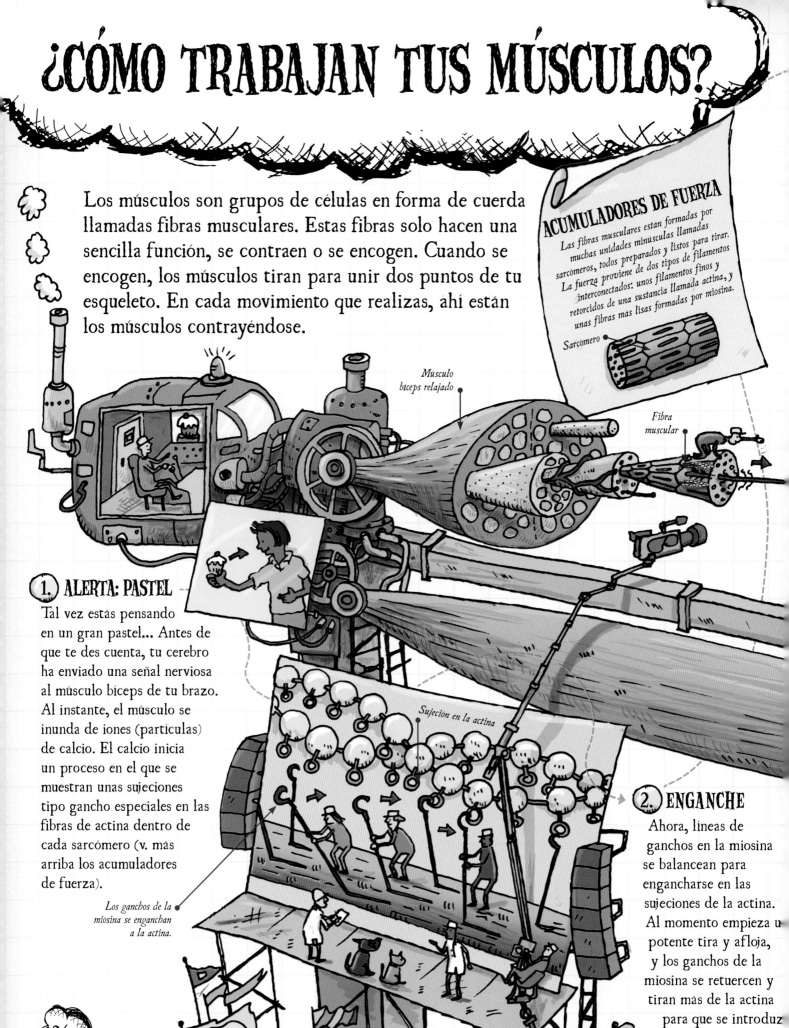

ACUMULADORES DE FUERZA

Las fibras musculares están formadas por muchas unidades minúsculas llamadas sarcómeros, todos preparados y listos para tirar. La fuerza proviene de dos tipos de filamentos interconectados: unos filamentos finos y retorcidos de una sustancia llamada actina, y unas fibras más lisas formadas por miosina.

Sarcómero

Músculo biceps relajado

Fibra muscular

Sujeción en la actina

1. ALERTA: PASTEL

Tal vez estás pensando en un gran pastel... Antes de que te des cuenta, tu cerebro ha enviado una señal nerviosa al músculo biceps de tu brazo. Al instante, el músculo se inunda de iones (partículas) de calcio. El calcio inicia un proceso en el que se muestran unas sujeciones tipo gancho especiales en las fibras de actina dentro de cada sarcómero (v. más arriba los acumuladores de fuerza).

Los ganchos de la miosina se enganchan a la actina.

2. ENGANCHE

Ahora, lineas de ganchos en la miosina se balancean para engancharse en las sujeciones de la actina. Al momento empieza u potente tira y afloja, y los ganchos de la miosina se retuercen y tiran más de la actina para que se introduz mejor en el sarcómero.

26

③ GANCHO A GANCHO

Cada gancho solo tira un poco antes de engancharse al siguiente. La actina es introducida más profundamente en el sarcómero, pasada de gancho a gancho. En este momento la unidad de fuerza cada vez es más corta.

④ FUERZA PARA CONTRAER

Con miles de sarcómeros reduciéndose a la vez, todo el músculo se contrae con fuerza. Cuando lo hace, tira de una especie de cable llamado tendón, que está unido al hueso de tu antebrazo. Al momento tu brazo empieza a alzarse llevando el pastel a tu boca.

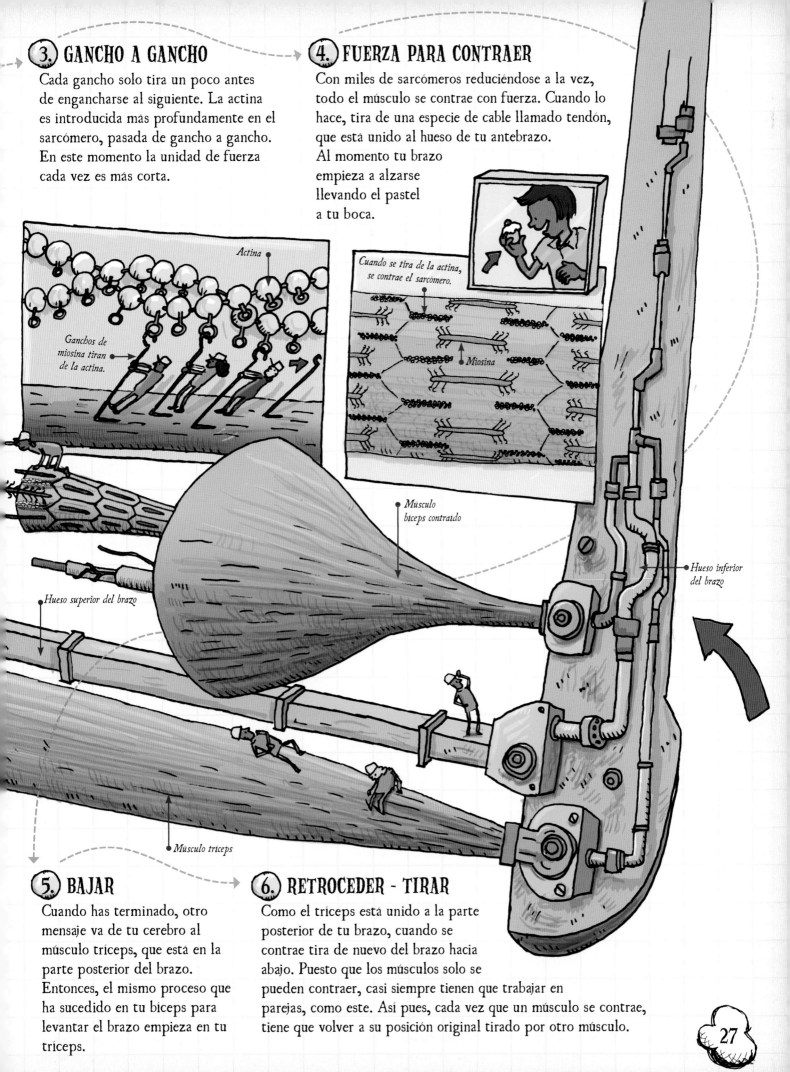

Actina

Ganchos de miosina tiran de la actina.

Cuando se tira de la actina, se contrae el sarcómero.

Miosina

Músculo biceps contraído

Hueso superior del brazo

Hueso inferior del brazo

Músculo tríceps

⑤ BAJAR

Cuando has terminado, otro mensaje va de tu cerebro al músculo tríceps, que está en la parte posterior del brazo. Entonces, el mismo proceso que ha sucedido en tu bíceps para levantar el brazo empieza en tu tríceps.

⑥ RETROCEDER - TIRAR

Como el tríceps está unido a la parte posterior de tu brazo, cuando se contrae tira de nuevo del brazo hacia abajo. Puesto que los músculos solo se pueden contraer, casi siempre tienen que trabajar en parejas, como este. Así pues, cada vez que un músculo se contrae, tiene que volver a su posición original tirado por otro músculo.

27

¿CÓMO TE FORTALECES?

Mucha gente pasa toda su vida sin hacer apenas ejercicio. Pero los atletas de élite entrenan duro para ponerse fuertes y en forma. Tienen que trabajar mucho haciendo ejercicios como correr o rutinas de gimnasio.

OXÍGENO

1. ENERGÍA MUSCULAR

Tus músculos necesitan combustible muscular, y su combustible es la glucosa proporcionada a través de la sangre. Obtienen su energía cuando la glucosa se combina con oxígeno en un proceso denominado respiración aeróbica.

GLUCOSA

MONITOR CARDÍACO

2. TRABAJAR DURO

Cuando haces mucho ejercicio, tus músculos trabajan tanto que puede que no les llegue suficiente provisión de sangre. Cuando esto sucede, tus músculos queman glucosa sin oxígeno. Esto es la respiración anaeróbica.

3. FABRICAR ÁCIDO

Si no estás en forma, tus músculos siguen trabajando anaeróbicamente mucho más tiempo. Esto no solo consume glucosa más rápidamente y te cansa más, sino que deja entrar ácido láctico en tus músculos y hace que te duelan. Cuando dejas de correr, lo más seguro es que estés jadeando para conseguir más oxígeno para quemar el ácido.

4. TRABAJAR AERÓBICAMENTE

Si estás en forma, tu corazón empieza a bombear con más fuerza e impulsa la provisión de sangre para entregar más oxígeno y cambiar los músculos a respiración aeróbica. En una carrera larga, los músculos de un atleta trabajarán aeróbicamente casi todo el tiempo y solo lo harán de forma anaeróbica en el esprint final.

5. CRECIMIENTO MUSCULAR

Cuando haces ejercicio, tus músculos se hacen más grandes. Al principio, las fibras solo se engordan; pero, si sigues ejercitándote regularmente, en realidad harás crecer nuevas fibras musculares, lo que significa que se están fortaleciendo. La provisión de sangre también mejora, así que trabajarán más tiempo.

6. CORAZÓN FUERTE

El ejercicio regular mejora tu condición física desarrollando los músculos, reforzando el corazón y la capacidad del cuerpo para bombear sangre y proporcionar oxígeno a los músculos. Pero para que ello funcione, el ejercicio tiene que ser aeróbico.

NO FORZAR

Durante el ejercicio, tu cuerpo dirige sangre a los músculos esqueléticos para que obtengan más oxígeno. Normalmente esto tiene poco efecto en el resto del cuerpo. Pero si te ejercitas duramente, podría disminuir el suministro a tu corazón. Por esta razón, los corredores que no están en forma pueden sufrir ataques cardíacos.

29

¿CÓMO HABLAS?

Hablar parece tan natural que apenas piensas cómo lo haces. Pero ningún otro animal lo hace, e incluso los bebés tienen que aprender a hacerlo. Algunas aves, como los loros, pueden imitar el habla porque disponen de algunos órganos para emitir sonido, ¡pero no tienen cerebro para usarlo!

A LA LENGUA

1. ¡CHSSS!

La mayor parte del tiempo las cuerdas vocales están relajadas, dejando un amplio espacio, conocido como glotis, para que salga el aire de los pulmones cuando espiras. Esto significa que respiras en silencio. Cuando las personas tienen el pecho mal, pueden hacer un sonido sibilante al pasar el aire por las vías respiratorias constreñidas en los pulmones.

2. ¡AAAH!

Cuando hablas o cantas, las cuerdas vocales se tensan para dejar solo una ranura. El aire de tus pulmones tiene que pasar por ellas, haciendo que vibren y suenen, como cuando tocas las cuerdas de una guitarra.

3. ¡OOOH!

El sonido viaja por tu laringe, o caja de voz, en el espacio que hay detrás de tu nariz y boca llamado faringe. Cuando hablas o cantas, la faringe se acorta para proporcionarte un bonito sonido en lugar de un chillido o gruñido.

SIBILANTES
Estos sonidos se forman haciendo que el sonido sisee por una ranura en la punta de la lengua.

FARINGE

LENGUA

ESÓFAGO

El aire pasa por la glotis.

PRODUCCIÓN

Tus cuerdas vocales crean el sonido básico, mientras que tu boca, labios y lengua forman distintas letras. Pero es tu cerebro el que envía mensajes para controlar qué letra sale. De esta forma, a partir de letras construye palabras y después frases. La parte clave para el desarrollo del habla es el área de Broca, en la zona anterior del cerebro.

A LOS LABIOS

A LA BOCA

NARIZ

BOCA

FORMACIÓN DE SONIDO

Emitir sonidos como un «ooh» no es hablar. Con tu garganta solo puedes formar vocales: A, E, I, O, U. Para producir otras letras, los sonidos conocidos como consonantes, tus labios, boca, lengua y nariz se mueven para cambiar el sonido. A esto se llama articulación.

NASAL

Las letras «m», «n» y «ñ» se forman desviando el sonido hacia la nariz.

(NNN)

MMMM

(SSS)

¡STOP!

Algunas consonantes como «p», «t» y «k», y «b», «d» y «g» se forman bloqueando el sonido y luego soltándolo de golpe. Estos sonidos breves y explosivos se llaman oclusivos.

FFFFF

ZZZ

SONIDOS FRICATIVOS

Los sonidos como «f», «s», «j» y «z» se forman por fricción. Tus labios interfieren con el flujo de sonido para que se vuelva turbulento.

VVV

K **T** **G** **P** **B** **D**

4 ¡III!

Cuando se tensa la laringe, las cuerdas vocales se cierran alrededor de la glotis y vibran rápidamente emitiendo un sonido agudo.

5 ¡AUUU!

Cuando la laringe se relaja, la glotis se abre. Las cuerdas vibran lentamente haciendo un sonido grave.

Laringe tensa y glotis cerrada.

Laringe relajada y glotis abierta.

¿QUÉ HAY EN TU EXTERIOR?

La piel es la capa exterior que cubre nuestro cuerpo y también el órgano más grande. Es bastante impermeable y a prueba de gérmenes. Aísla nuestro cuerpo del frío y libera el exceso de calor. Te comunica con el mundo a través del tacto. Incluso te alimenta con la vitamina D de la luz del sol. Solo tiene dos milímetros de grosor, pero está formada por varias capas.

CAPA EXTERIOR

Se llama epidermis y consta a su vez de varias capas o estratos. En gran parte está formada por células epiteliales planas, pero esta parte salpicada por pequeñas islas de células melanocíticas. Estas células fabrican el pigmento de melanina que da a la piel su color.

Capa exterior de la epidermis

Célula de la piel en forma de escamas

Estrato granuloso

Estrato espinoso

Estrato basal

1. PÉRDIDA DE PIEL

La capa exterior de la epidermis está constituida principalmente por células muertas y otras moribundas llenas de queratina. Estas células epiteliales son a la vez duras y desechables. Para permanecer efectiva, tu piel tiene que renovarse constantemente. Crecen nuevas células en la superficie, donde se alisan y mueren y se convierten en material duro llamado queratina. Cada minuto se descaman unas 40.000 células muertas. ¡En toda tu vida pierdes casi unos 50 kg de piel!

2. ENDURECIMIENTO: ESTRATO GRANULOSO

En el estrato granuloso, las células epiteliales pierden su núcleo y parecen granulosas. Estas células empiezan a morir y se llenan de fibras de queratina dura. Este proceso se llama cornificación.

Receptor de presión

SENSORES

La piel contiene distintos receptores esperando a decirte lo que sucede en la parte superior. Algunos reaccionan al calor y otros, al frío. Unos son unas almohadillas supersensibles a la presión que reaccionan cuando tocas algo, y otros reaccionan al instante a una ligera presión. Y ciertos receptores táctiles reaccionan lentamente cuando la presión continúa durante más tiempo.

Tejido conectivo

Tejido adiposo

Melanocitos

GRASA

PISTOLAS DE GRASA

Los folículos pilosos dan crecimiento al pelo y fabrican una sustancia oleosa llamada sebo. Esta cubre tu pelo y lo mantiene impermeable.

Folículo piloso

CAPA INTERIOR

Bajo la epidermis se halla la dermis, que también está formada por varios estratos. Esta gruesa capa está llena de glándulas, terminaciones nerviosas y sensores del tacto.

Vasos sanguíneos

7. TEJIDO ADIPOSO

Bajo la dermis hay una capa de grasa llamada «grasa subcutánea». Esta actúa como una cobertura para mantenerte caliente.

CONDUCTOS DE REFRIGERACIÓN

Las glándulas de sudor desprenden agua que va a la superficie de tu piel, donde se evapora y te mantiene fresco.

Pliegues en la capa superior de la dermis

3. CONTROL DE SEGURIDAD: ESTRATO ESPINOSO

El estrato espinoso está lleno de células que desempeñan un papel importante al ayudar al cuerpo a identificar gérmenes.

4. FÁBRICA DE CÉLULAS: ESTRATO BASAL

En la capa inferior de la epidermis, las células de la nueva piel se agitan todo el tiempo, listas para desplazarse a la superficie y ocupar el lugar de las antiguas células que se descaman.

5. SURCOS Y RUGOSIDADES

La capa superior de la dermis está cubierta por surcos como dedos minúsculos que se cierran en la epidermis y la mantienen en su sitio. También crean las rugosidades que forman las huellas digitales.

6. TEJIDO CONECTIVO

El tejido conectivo está formado por fibras densas de «colágeno» que la sujetan como fieltro.

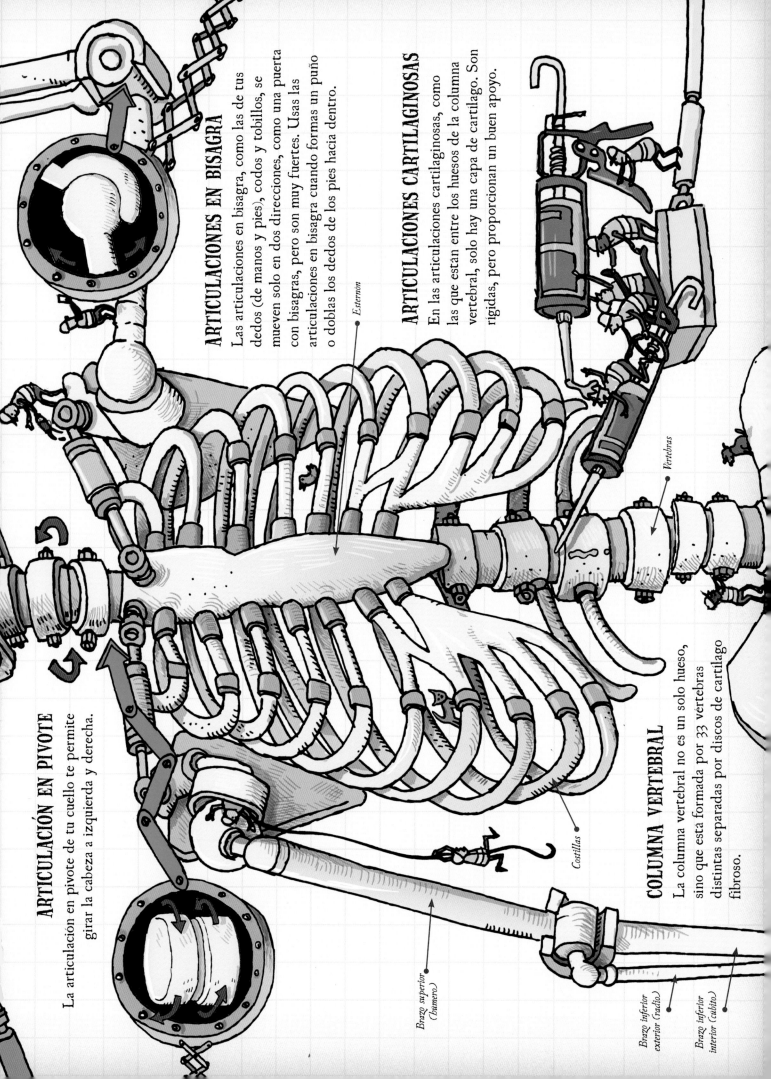

ARTICULACIONES EN BISAGRA

Las articulaciones en bisagra, como las de tus dedos (de manos y pies), codos y tobillos, se mueven solo en dos direcciones, como una puerta con bisagras, pero son muy fuertes. Usas las articulaciones en bisagra cuando formas un puño o doblas los dedos de los pies hacia dentro.

Esternón

ARTICULACIONES CARTILAGINOSAS

En las articulaciones cartilaginosas, como las que están entre los huesos de la columna vertebral, solo hay una capa de cartílago. Son rígidas, pero proporcionan un buen apoyo.

Vértebras

ARTICULACIÓN EN PIVOTE

La articulación en pivote de tu cuello te permite girar la cabeza a izquierda y derecha.

Costillas

COLUMNA VERTEBRAL

La columna vertebral no es un solo hueso, sino que está formada por 33 vértebras distintas separadas por discos de cartílago fibroso.

Brazo superior (húmero)

Brazo inferior exterior (radio)

Brazo inferior interior (cúbito)

BIEN SUJETO

El esqueleto es la estructura ósea que mantiene bien sujeto tu cuerpo. Proporciona puntos de anclaje a los músculos que usas para moverte. Sujeta tu piel y otros tejidos, y protege tu corazón, cerebro y otros órganos. Tienes más de 200 huesos, protegidos por cartílago y unidos por fibras llamadas ligamentos.

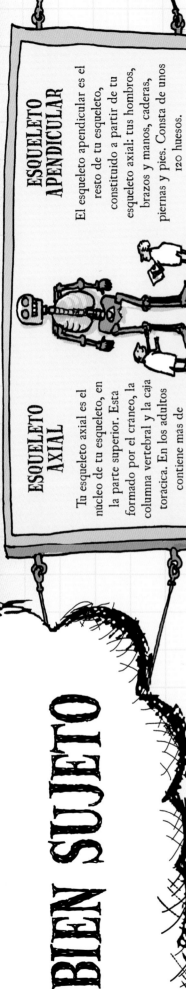

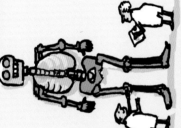

ESQUELETO AXIAL

Tu esqueleto axial es el núcleo de tu esqueleto, en la parte superior. Está formado por el cráneo, la columna vertebral y la caja torácica. En los adultos contiene más de 80 huesos.

ESQUELETO APENDICULAR

El esqueleto apendicular es el resto de tu esqueleto, constituido a partir de tu esqueleto axial: tus hombros, brazos y manos, caderas, piernas y pies. Consta de unos 120 huesos.

ARTICULACIONES

Aunque tu esqueleto sea fuerte y rígido, puede doblarse y moverse casi en cualquier dirección. Esto sucede porque lo conforman huesos independientes unidos por articulaciones. Las articulaciones son el punto de encuentro de los huesos. Todos ellos, excepto el hueso hioides de tu cuello, se articulan con otros huesos. Las articulaciones permiten que casi todos tus huesos se muevan de forma independiente.

Cráneo

ARTICULACIONES SILLARES

Las articulaciones de los pulgares son articulaciones sillares. En ellas, dos huesos en forma de silla de montar encajan bien y pueden moverse de un lado a otro. Son fuertes, pero no pueden rotar demasiado.

ARTICULACIONES FIBROSAS

Las articulaciones de tu cráneo están tan fuertemente unidas por fibras que quedan fijas en su sitio y no se pueden mover.

Mandíbula

¿QUÉ SON LOS HUESOS?

Como las vigas en un edificio, los huesos conforman la estructura de tu cuerpo. Son muy ligeros porque están huecos, pero muy fuertes al estar formados por minerales duros y fibras elásticas que evitan que se rompan como una ramita seca. Esto hace que el tejido óseo sea cuatro veces más duro que el cemento.

(1) FABRICANTES DE HUESOS

Los huesos no solo son palos fuertes: son tejido vivo. Los equipos de células que fabrican huesos, llamadas osteoblastos, siempre trabajan duro en el centro hueco del hueso.

(2) SUJECIÓN

Los equipos de osteoblastos empiezan tejiendo fibras a partir de un material fuerte y elástico, el colágeno. Las fibras se llaman osteoides y sujetan el hueso.

(3) ENDURECIMIENTO

A continuación, los equipos de osteoblastos incrustan las fibras en un mineral duro como el calcio, parecido al yeso duro. Cada osteoblasto construye una espícula (espina) de mineral a su alrededor.

ENYESADO

OSTEOBLASTOS TRABAJANDO

(4) APUNTALAMIENTO

Las espículas minerales crecen en muchas direcciones formando un panal de puntales alrededor del centro hueco del hueso. Estos puntales se llaman trabéculas. Son finas, pero dispuestas perfectamente en ángulo para resistir las tensiones.

MÉDULA

34

5 FÁBRICA DE SANGRE

El centro vacío del hueso está lleno de una masa blanda y esponjosa, la médula. Alguna médula es roja y sanguinolenta; otra, amarilla y grasa. La roja es la fábrica de glóbulos rojos del cuerpo, y la amarilla produce grasa, cartílago y tejido óseo.

HACIA ARRIBA OSTEONAS

6 FUNDA SÓLIDA

Ahora, una funda de «hueso compacto» se construye alrededor del centro hueco con unos tabiques largos. Los tabiques se llaman osteonas y, como los anillos en el tronco de un árbol, están dispuestas en capas. Cada osteona tiene un canal con los vasos sanguíneos y los nervios que bajan hasta el centro.

7 ATRAPADO EN HUESO

Cada célula osteoblasto acaba sepultada en un bolsillo pequeño, o laguna. Estas células atrapadas se llaman osteocitos. Se mantienen vivas mediante una provisión de sangre constante y están en contacto mutuamente enviando finas ramificaciones.

Osteocito atrapado dentro de una laguna

ROTURAS

Los huesos tienen la capacidad de curarse solos. Primero, el cuerpo detiene las hemorragias y luego los osteocitos envían proteínas para reunir células especiales llamadas osteoclastos, que usan ácido para disolver el hueso dañado. Luego los osteoblastos tejen nuevo hueso en la rotura.

Los osteoblastos tejen nuevo hueso por la fractura.

Se forma un callo a su alrededor.

LIGAMENTOS

Casi todas las articulaciones están sujetas por unas tiras llamadas ligamentos. Estos constan de unas bandas de colágeno gelatinoso y fibras de elastina. Se estiran un poco para permitir que la articulación se mueva, pero evitan que se doble demasiado o se retuerza.

Tibia

Peroné

EXTREMIDADES ANTERIORES

Las partes inferiores de tus piernas y brazos están formadas por dos huesos. La tibia y el peroné en las piernas, y el radio y el húmero en los brazos. Estos huesos pueden moverse para rotar los pies y las manos.

MUCHOS HUESOS

Las manos y los pies están constituidos por muchos huesecillos. Los carpianos y metacarpianos se encuentran en las manos, y los tarsos y metatarsos en los pies. Todos ellos trabajan juntos para proporcionar una sólida base (la palma de la mano y la planta del pie), donde los dedos pueden moverse.

ARTICULACIÓN DE LA RODILLA

La articulación de la rodilla es un tipo especial de articulación en bisagra. Como tal, se puede doblar, pero también puede rotar ligeramente. Está protegida por un pequeño escudo óseo llamado rótula y rodeada por una cápsula de cartílago gomoso y fluido sinovial que la amortigua y lubrica.

ARTICULACIONES PLANAS

Son aquellas que se dan entre dos huesos planos que se mantienen unidos por ligamentos lo suficientemente sueltos para deslizarse uno sobre otro. Algunos huesos de las muñecas y tobillos se mueven así.

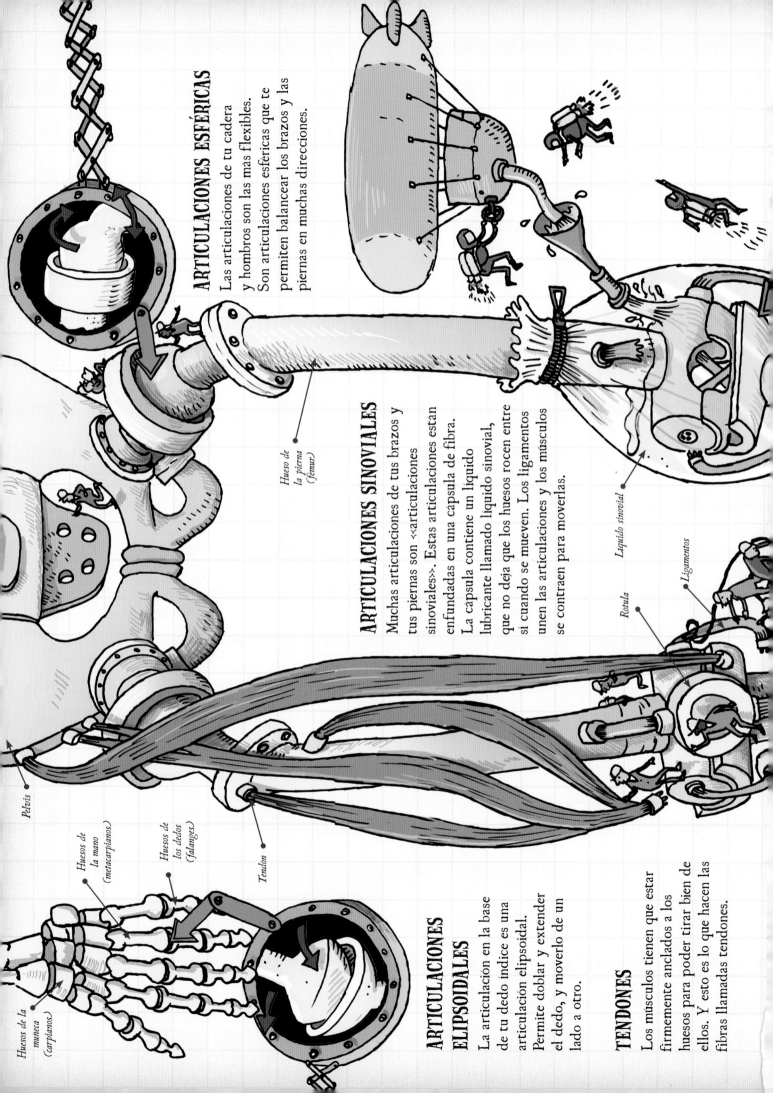

ARTICULACIONES ESFÉRICAS

Las articulaciones de tu cadera y hombros son las más flexibles. Son articulaciones esféricas que te permiten balancear los brazos y las piernas en muchas direcciones.

ARTICULACIONES SINOVIALES

Muchas articulaciones de tus brazos y tus piernas son «articulaciones sinoviales». Estas articulaciones están enfundadas en una cápsula de fibra. La cápsula contiene un líquido lubricante llamado líquido sinovial, que no deja que los huesos rocen entre sí cuando se mueven. Los ligamentos unen las articulaciones y los músculos se contraen para moverlas.

ARTICULACIONES ELIPSOIDALES

La articulación en la base de tu dedo índice es una articulación elipsoidal. Permite doblar y extender el dedo, y moverlo de un lado a otro.

TENDONES

Los músculos tienen que estar firmemente anclados a los huesos para poder tirar bien de ellos. Y esto es lo que hacen las fibras llamadas tendones.

Hueso de la pierna (femur)

Líquido sinovial

Rótula

Ligamentos

Pelvis

Huesos de la muñeca (carpianos)

Huesos de la mano (metacarpianos)

Huesos de los dedos (falanges)

Tendón

¿CÓMO CRECES?

El cuerpo humano es una máquina celular sorprendente que trabaja todo el día. Cada instante fabrica millones de nuevas células, al tiempo que mueren las viejas.

1. HORA DE RENOVARSE

La mayoría de las células nerviosas duran toda la vida, pero las células epiteliales solo unas semanas. De promedio, todas las células de tu cuerpo necesitan renovarse cada siete o diez años. También tienes que reemplazar todas las células dañadas.

2. ¿CRECEMOS?

Cuando eres joven, creces cada día. Y lo haces fabricando nuevas células. A veces creces rápidamente y otras más despacio. Dejas de hacerlo cuando eres adulto. Aun así, la nariz y las orejas siguen creciendo.

3. DUPLICADO

Tu cuerpo no puede fabricar nuevas células desde cero. Así, las células existentes se dividen por la mitad, y cada mitad se convierte en una nueva célula. Cuando se necesitan nuevas células, las células siguen dividiéndose creando más y más células: es la multiplicación celular.

CÉLULAS MADRE

Cuando tu cuerpo empieza a crecer como un embrión (v. pp. 76-77), tiene unas células madre que sirven para todo y se dividen en distintas células. Tu cuerpo aún contiene pequeñas reservas de células madre que pueden usarse para reabastecer las células dañadas o viejas.

HUESO

SANGRE

CÉLULAS MADRE

HÍGADO

PIEL

EL ADN se copia

ADN

HUESO

4. COPIAS

Todas las células se dividen de la misma forma, por lo que las nuevas células son exactamente iguales que las viejas. Primero la célula crece. Luego copia su ADN, su programación para vivir. Los 23 componentes del ADN se dividen por la mitad a lo largo para formar dos grupos idénticos, uno para cada nueva célula.

7. HORA DE MORIR

Una nueva célula sabe que está en el lugar correcto si las moléculas de su superficie son iguales que las de sus vecinas. Las moléculas son una etiqueta de dirección. Pero si sus vecinas son distintas, la célula sencillamente muere. Las células también se autodestruyen cuando están dañadas o gastadas. Esto se llama apoptosis, y ayuda a proteger el cuerpo del cáncer.

HÍGADO

SANGRE

HÍGADO

SANGRE

SANGRE

6. SUFICIENTE

Cuando eres joven, tienes que seguir creciendo. Así pues, las citocinas hacen que las células se dividan con más rapidez. Pero cuando se cura un corte o una parte del cuerpo ya ha crecido del todo, otras citocinas les dicen a las células que dejen de dividirse.

HUESO

HUESO

HUESO

División celular

ADN

8. CRECIMIENTO DE HUESOS

Ahora los huesos de tus piernas y brazos crecen más. Las células se dividen y multiplican en unas «placas de crecimiento» especiales en el extremo de cada hueso. Cuando se añaden nuevas células, las antiguas se entierran y se convierten en hueso duro. Cuando el hueso ha alcanzado su tamaño correcto, las placas de crecimiento se sellan, se convierten en hueso duro y dejas de crecer.

HUESO

5. DIVISIÓN

Cuando la célula está segura de que su ADN se ha copiado correctamente, envía un grupo a cada extremo de la célula. Luego la célula se divide por la mitad y una membrana sella cada mitad para completar la nueva célula. Esto es la mitosis.

41

¿QUÉ SON LAS HORMONAS?

Para ajustar los procesos corporales a tu entorno o a tu momento vital, necesitas unas sustancias químicas llamadas hormonas. Las hormonas se mueven por la sangre y les dicen a las células lo que tienen que hacer. Cuando estás en una situación complicada, una hormona denominada adrenalina pone tu cuerpo en acción.

ALMACENES DE HORMONAS

Los almacenes de hormonas llamados glándulas están repartidos por todo tu cuerpo. Liberan hormonas cuando reciben el desencadenante adecuado, que puede ser un cambio en los componentes químicos de la sangre u otra hormona.

PINEAL
Controla los patrones del sueño.

CEREBRO
Produce endorfina y encefalina, que son los calmantes naturales del cuerpo.

1 ¡AAAY! ¡UN TIGRE!
Cuando estás en peligro, tu cerebro envía rápidamente una señal de emergencia a las glándulas adrenales que se encuentran sobre tus riñones.

HORMONA DEL CRECIMIENTO
Desencadena la actividad celular cuando creces.

TSH
Le dice a la glándula tiroidea que libere las hormonas que controlan la velocidad de lo que sucede en tu cuerpo.

ADH
Dice a tu cuerpo que no libere demasiada agua en la orina.

FSH Y LH
Dice a los ovarios de las mujeres (órganos que contienen óvulos) que se pongan en acción.

ADRENALES
La adrenalina y la noradrenalina preparan a tu cuerpo para el peligro: ¡luchar o salir corriendo!

TIROIDES
Dicen a las células lo rápido que tienen que trabajar.

GLÁNDULA PITUITARIA

TIROIDES

TIROIDES
También producen la calcitonina, que controla el calcio de tu sangre.

2 ¿LUCHAR?
Al instante, las adrenales envían adrenalina y noradrenalina.

PÁNCREAS
La insulina y el glucagón controlan los niveles de azúcar en la sangre.

OVARIOS (EN CHICAS)
Los estrógenos y la progesterona controlan el ciclo menstrual.

TESTÍCULOS (EN CHICOS)
La testosterona afecta a los órganos sexuales.

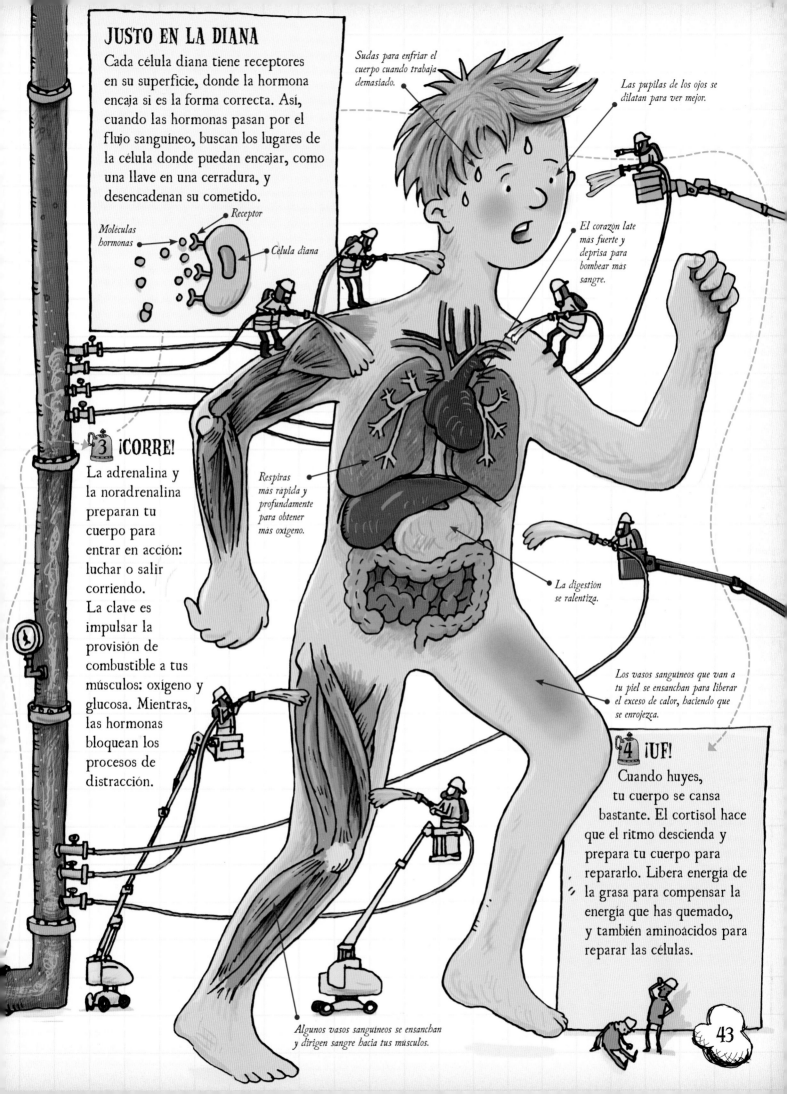

JUSTO EN LA DIANA

Cada célula diana tiene receptores en su superficie, donde la hormona encaja si es la forma correcta. Así, cuando las hormonas pasan por el flujo sanguíneo, buscan los lugares de la célula donde puedan encajar, como una llave en una cerradura, y desencadenan su cometido.

Moléculas hormonas

Receptor

Célula diana

Sudas para enfriar el cuerpo cuando trabaja demasiado.

Las pupilas de los ojos se dilatan para ver mejor.

El corazón late más fuerte y deprisa para bombear más sangre.

Respiras más rápida y profundamente para obtener más oxígeno.

La digestión se ralentiza.

3 ¡CORRE!

La adrenalina y la noradrenalina preparan tu cuerpo para entrar en acción: luchar o salir corriendo. La clave es impulsar la provisión de combustible a tus músculos: oxígeno y glucosa. Mientras, las hormonas bloquean los procesos de distracción.

Los vasos sanguíneos que van a tu piel se ensanchan para liberar el exceso de calor, haciendo que se enrojezca.

4 ¡UF!

Cuando huyes, tu cuerpo se cansa bastante. El cortisol hace que el ritmo descienda y prepara tu cuerpo para repararlo. Libera energía de la grasa para compensar la energía que has quemado, y también aminoácidos para reparar las células.

Algunos vasos sanguíneos se ensanchan y dirigen sangre hacia tus músculos.

43

¿QUÉ HACE EL HÍGADO?

El hígado es un potente centro neurálgico de actividad química. Día y noche está muy ocupado trabajando en 500 procesos químicos distintos a la vez: purifica la sangre; convierte los nutrientes que has absorbido y están en tu sangre en las formas químicas correctas para que el cuerpo las use; fabrica bilis para aligerar la digestión, y mucho más.

Vena central

Hepatocitos

Rama de arteria hepatica

LÓBULO

Glucosa

GLUCÓGENO

GLUCÓGENO

GLUCÓGENO

GLUCÓGENO

GLUCÓGENO

GLUCÓGENO

GLUCÓGENO

GLUCÓGENO

Sinu-soide

Vaso sanguíneo

4. ENERGÍA DULCE

Los lóbulos enseguida se ocupan de convertir los carbohidratos de tu comida en glucosa, el azúcar, que es la principal fuente de energía de tu cuerpo. Una parte va directa a tu sangre para dar a las células de tu cuerpo la energía necesaria. Pero otra se almacena como glucógeno, como barritas de energía preparadas en un almacén para cuando necesites un rápido impulso.

HÍGADO

Arteria hepática

Vena porta

Conducto biliar

1. LLEGADA AL HÍGADO

La sangre va a parar al hígado por dos vasos sanguíneos: la arteria hepática y la vena porta, que entran por el gran espacio porta situado en el centro.

Urea

Lóbulo

5. ELIMINACIÓN DE LA UREA

Cuando los niveles de proteínas no deseadas en tu sangre son demasiado elevados, el hígado las convierte en un elemento químico llamado urea. La urea va de la sangre a los riñones para ser desechada con la orina. La urea hace que el pipí tenga ese olor porque se convierte en gas amoníaco.

Colesterol

7. ROMPEGRASAS

Un tercer conducto pasa por el área porta. Es el conducto biliar. La bilis es un líquido verde que fabrica el hígado y lo envía al intestino delgado para ayudar a descomponer las grasas de los alimentos.

Conducto biliar

BILIS

2. MICROPROCESADO

Desde el área porta, los vasos sanguíneos se extienden por el hígado llevando la sangre directamente a miles de pequeñas unidades de proceso llamadas lóbulos. Estos son grandes y hexagonales, y están divididos en cuñas. La sangre fluye por cada cuña por el canal sinusoide.

3. ACCIÓN DEL HÍGADO

En cada sinusoide se encuentran células especiales del hígado, los hepatocitos. Cuando la sangre fluye por ellos, extraen los elementos químicos correctos, como los carbohidratos y las proteínas, los procesan y los retornan a la sangre. La bilis es devuelta.

6. GRASAS

El hígado se queda la grasa que has absorbido con la comida y está en tu sangre, y la usa para fabricar colesterol para que tus células sean robustas; aunque si tienes demasiado, puede obstruir tus arterias cuando te haces mayor.

TAREAS DEL HÍGADO

· CONVIERTE LOS CARBOHIDRATOS EN GLUCOSA.

· ALMACENA ENERGÍA EN FORMA DE GLUCÓGENO.

· RESERVA EXCESO DE ENERGÍA PARA GUARDARLA LARGO TIEMPO EN FORMA DE GRASA.

· LIMPIA LAS CÉLULAS VIEJAS DE LA SANGRE.

· FABRICA NUEVA PRODUCCIÓN DE PLASMA SANGUÍNEO.

· DESCOMPONE PROTEÍNAS SOBRANTES.

· CONVIERTE GRASA EN COLESTEROL.

· ALMACENA VITAMINAS.

45

¿CÓMO TE MANTIENES CALIENTE?

Tu cuerpo tiene un sistema de control de temperatura para que todo funcione correctamente. Tanto si hace frío como si hace calor, la temperatura corporal suele rondar los 37 °C. Solo varía si estás enfermo, e incluso entonces la temperatura solo sube unos pocos grados.

1. QUEMA DE COMBUSTIBLE

Como cualquier sistema de calefacción, tu cuerpo necesita combustible, y eso significa comida. Los alimentos proporcionan a tu cuerpo la energía precisa para que se produzcan sus reacciones químicas. Estas reacciones químicas también liberan energía para que te muevas y el calor necesario para mantenerte caliente.

2. MINIFUEGOS

En todas y cada una de tus células hay minúsculos incendios o «mitocondrias». Descomponen la glucosa para liberar energía con la ayuda del oxígeno proporcionado por tu sangre. Esto genera calor y se llama respiración celular.

CÉLULA

3. EL HÍGADO

El hígado es tu caldera personal. Está densamente repleta de células que desprenden calor. Libera calor cuando descompone sustancias, como la hemoglobina usada. La sangre siempre sale del hígado más caliente de lo que ha entrado.

HÍGADO

ENTRADA

REFRESCARSE

Constantemente pierdes calor por la piel y por la respiración. Pero si aún sientes mucho calor, el cuerpo tiene varias formas de refrescarse.

SUDAR

Si tienes demasiado calor, el hipotálamo les dice a tus glándulas sudoríparas que produzcan más sudor, que sale por los poros de tu piel. Sudar no solo elimina agua caliente de tu cuerpo, sino que también enfría tu piel cuando el sudor se evapora.

ENROJECER

Cuando tienes calor, el hipotálamo también estimula la provisión de sangre hacia tu piel para desviar el calor del centro del cuerpo hacia el exterior. Entonces tu piel se enrojece.

JADEAR

Si de verdad sientes mucho calor, seguramente jadearás. Jadear es respirar rápidamente para expulsar calor por la respiración.

4. ¿FRÍO O CALOR?

Estar caliente es bueno, pero tu cuerpo no puede sobrecalentarse. Para asegurarse de que no tienes mucho calor o mucho frío, tu cerebro tiene un termostato llamado hipotálamo, que controla tu temperatura.

FRÍO

CALOR

CEREBRO

CALENTARSE

Tu cuerpo utiliza muchas técnicas para calentarse y dejar de tener frío.

¡AVIVA EL FUEGO!

Si tienes demasiado frío, el hipotálamo alerta a la tiroides. Esta envía hormonas que estimulan la respiración celular para provocar más calor.

PIEL DE GALLINA

Si tienes mucho frío, los pelos de tu piel se te erizarán (piel de gallina). Esto es una herencia de nuestros ancestros más peludos, puesto que al alzarse los pelillos atrapan una capa de aire cálido junto a la piel.

RESTRICCIÓN

El hipotálamo también envía señales para cortar el suministro de sangre a tu piel para mantener el calor en el centro del cuerpo. Por esta razón, te pones pálido cuando sientes frío.

¡MUÉVETE!

Si todo esto no es suficiente, el hipotálamo envía señales nerviosas a los músculos para que se muevan rápidamente. Por esta razón, tiemblas de frío.

SALIDA

¿QUÉ PASA CON EL AGUA?

Tu cuerpo es más del 60 % agua. El agua llena tus células, forma parte de la mayoría de los fluidos de tu cuerpo y hace que la química de la vida siga en funcionamiento. Una de las principales funciones de los riñones es ocuparse de que los niveles de agua estén equilibrados.

Vaso sanguíneo

Agua

Glomérulo

Túbulo

Cápsula de Bowman

1. FUNCIONAMIENTO DEL AGUA

Además de controlar los niveles de agua de tu cuerpo, tus riñones también limpian la sangre de residuos perjudiciales. Cuando la sangre fluye por los riñones, pasa directamente a unas unidades de filtraje llamadas nefronas.

2. EN LOS FILTROS

En cada una de los millones de nefronas de un riñón, la filtración empieza cuando la sangre fluye a una pequeña red de capilares denominada glomérulo. El glomérulo se mantiene ceñido en un hueco, la cápsula de Bowman.

3. ¿QUEDARSE O SALIR?

La parte acuosa de la sangre se filtra por las paredes de la cápsula de Bowman en un túbulo. Pero las moléculas de proteína y los glóbulos son demasiado grandes para filtrarse, y se quedan en la sangre.

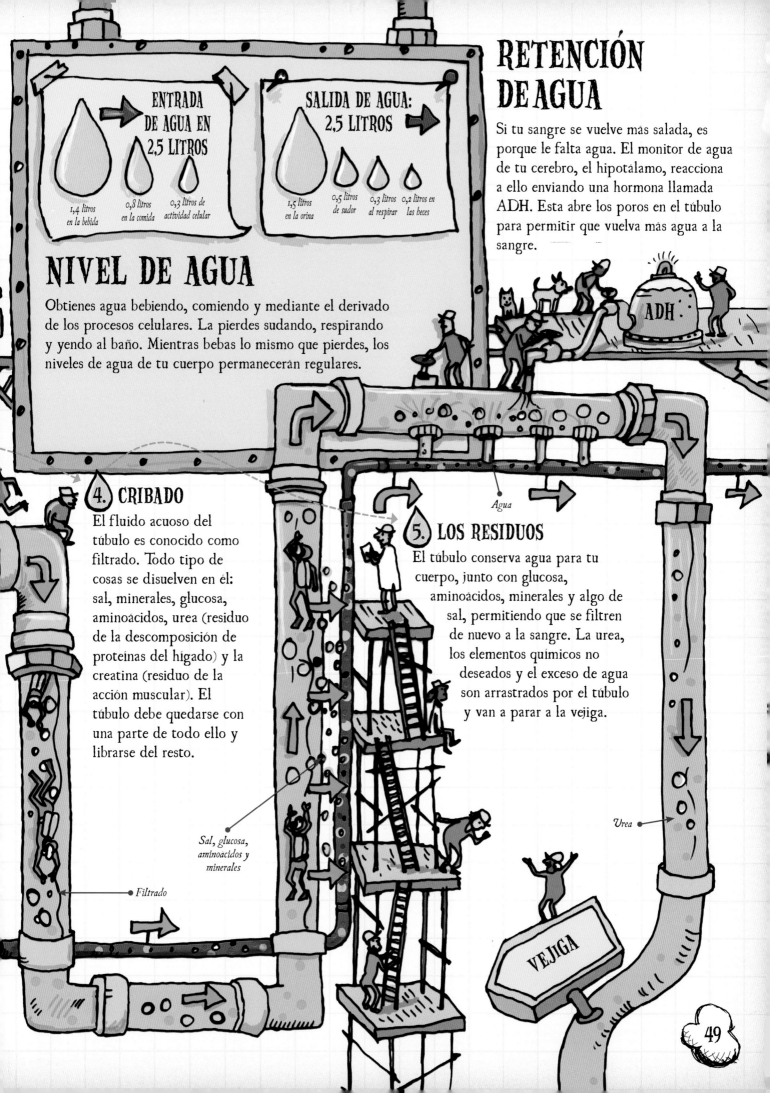

NIVEL DE AGUA

ENTRADA DE AGUA EN 2,5 LITROS

- 1,4 litros en la bebida
- 0,8 litros en la comida
- 0,3 litros de actividad celular

SALIDA DE AGUA: 2,5 LITROS

- 1,5 litros en la orina
- 0,5 litros de sudor
- 0,3 litros al respirar
- 0,2 litros en las heces

Obtienes agua bebiendo, comiendo y mediante el derivado de los procesos celulares. La pierdes sudando, respirando y yendo al baño. Mientras bebas lo mismo que pierdes, los niveles de agua de tu cuerpo permanecerán regulares.

RETENCIÓN DE AGUA

Si tu sangre se vuelve más salada, es porque le falta agua. El monitor de agua de tu cerebro, el hipotálamo, reacciona a ello enviando una hormona llamada ADH. Esta abre los poros en el túbulo para permitir que vuelva más agua a la sangre.

ADH

Agua

4. CRIBADO

El fluido acuoso del túbulo es conocido como filtrado. Todo tipo de cosas se disuelven en él: sal, minerales, glucosa, aminoácidos, urea (residuo de la descomposición de proteínas del hígado) y la creatina (residuo de la acción muscular). El túbulo debe quedarse con una parte de todo ello y librarse del resto.

Sal, glucosa, aminoácidos y minerales

Filtrado

5. LOS RESIDUOS

El túbulo conserva agua para tu cuerpo, junto con glucosa, aminoácidos, minerales y algo de sal, permitiendo que se filtren de nuevo a la sangre. La urea, los elementos químicos no deseados y el exceso de agua son arrastrados por el túbulo y van a parar a la vejiga.

Urea

VEJIGA

49

INTESTINO DELGADO

Tu intestino delgado, la primera parte de tu intestino, es estrecho, pero ¡muy largo! Es un túnel de unos 7 metros de largo, doblado infinidad de veces en tu interior.

6 PICADORAS QUÍMICAS

La primera parte de tu intestino delgado se llama duodeno. Allí un almacén químico, el páncreas, inyecta una variedad de enzimas. Como un carnicero triturando una tira de salchichas, estas enzimas despedazan químicamente las sustancias de comida gigantes en sustancias más simples.

PÁNCREAS

4 EL BAÑO DE ÁCIDO

PEPSINA

ÁCIDOS

Tu estómago introduce elementos químicos para ablandar la comida. Estos incluyen enzimas, como la pepsina y el ácido clorhídrico (que ayuda a matar gérmenes mientras disuelve la comida). Una capa de mucosa protege la pared del estómago del ataque del ácido.

5 SALA DE ESPERA

Tu estómago reduce la comida a una masa semilíquida o quimo. En el extremo más alejado del estómago está la salida, llamada esfínter pilórico. Es un anillo de músculo que se relaja y se tensa para dejar que el quimo pase al interior del intestino delgado.

¿ADÓNDE VA LA COMIDA?

SALIVA

Para que tus células usen los alimentos que ingieres, estos tienen que descomponerse en la refinería química de nuestro propio cuerpo, el sistema digestivo. Pero esta es una tarea lenta y pesada, y el sistema digestivo es un túnel muy largo. Se dobla por todo el camino que va desde la boca hasta el ano.

1 MASTICACIÓN

La descomposición empieza en la boca, cuando tus dientes cortan la comida. Mastican la comida y la mezclan con saliva acuosa, que contiene un tipo de moléculas especiales llamadas enzimas. Estas convierten la comida en una masa pulposa, el bolo.

La epiglotis se cierra para que la comida no entre por la tráquea.

A LOS PULMONES

2 DESCENSO

Cuando ya está lo suficientemente blando, la lengua empuja el bolo atrás hacia tu garganta. Al momento, el paladar de tu boca se alza para bloquear la nariz. Tu garganta o esófago se abre y el bolo baja.

3 EL TRITURADOR

El bolo desciende hacia el estómago. Ahí empieza realmente el triturado y aplastado. Tu estómago tiene unas fuertes paredes que ondean de un lado a otro cada 20 segundos más o menos, sacudiendo la comida como un procesador de alimentos.

¿POR QUÉ COMES?

La comida es el combustible que necesita tu cuerpo para crecer y estar sano. A diferencia de los leones (que solo comen carne) y las vacas (que comen hierba), comemos alimentos variados, pero necesitamos ingerirlos en proporciones correctas. Estos son los principales tipos de alimentos que necesitas.

SALIDA

PAN

El pan integral te proporciona montones de fibra; el pan blanco no.

FRUTA Y VERDUDA

La fruta y la verdura contienen muchas vitaminas, pero no todo lo que tu cuerpo necesita, así que los vegetarianos tienen que procurar comer la mezcla correcta.

VITAMINAS

Lo más pequeño de tu «lista de la compra» son las vitaminas, conocidas por las letras de la A a la K. Las vitaminas son trazos de elementos químicos que tu cuerpo necesita, pero que no puede fabricar. Las encontrarás en alimentos concretos, y cada una tiene una determinada función en tu cuerpo.

FIBRA ALIMENTARIA

Para que los músculos de tus intestinos se mantengan en forma, necesitas que funcionen bien con «fibra». La fibra alimentaria es fibra de celulosa vegetal, demasiado dura para que tu cuerpo la digiera.

CARNE

La proteína de la carne contiene todos los aminoácidos que tu cuerpo necesita. También es rica en grasas.

PESCADO

El pescado es una buena fuente de proteínas y vitaminas.

PROTEÍNAS

Tu cuerpo necesita proteínas para proporcionar el material para fabricar y reparar células. Cuanto más rápido creces, más proteínas necesitas. Están formadas por combinaciones de 20 sustancias distintas llamadas aminoácidos. Tu cuerpo puede fabricar 12 de ellas, pero debes obtener el resto de los alimentos.

QUESTO

El queso es un 25 % proteína, pero también es rico en grasas.

HUEVOS

Los huevos son ricos en proteínas y vitaminas.

META

GRASAS

Las grasas son los trocitos grasientos de comida que no se disuelven en agua. Algunas son sólidas, como la carne grasa, y otras son líquidas, como el aceite de oliva. Al igual que los carbohidratos, las grasas de los alimentos proporcionan energía, pero tu cuerpo las almacena en lugar de usarlas al instante.

MINERALES

Tu cuerpo no puede fabricar algunos minerales vitales. Así que necesitas agua para mantener los niveles de agua; calcio para construir los huesos; hierro para los glóbulos rojos, y un poco de yodo y otros minerales.

CARBOHIDRATOS

Lo que abulta más en tu lista de la compra son los carbohidratos, el número uno en combustible. Los carbohidratos son alimentos compuestos por féculas y azúcares. Estos se convierten dentro de tu cuerpo en glucosa para proporcionar combustible a las células, o se almacenan en el hígado y los músculos como glucógeno.

AGUA

PATATAS

Alimentos como el pan, el arroz, las patatas y los dulces son ricos en carbohidratos.

12 BACTERIAS

Las bacterias «amigas» trabajan para descomponer los alimentos que aún no se han digerido. Los excrementos huelen mal por los elementos químicos que desprenden las bacterias mientras trituran los residuos.

11 SECADO

Después de haber contraído toda la comida útil en el intestino delgado, aún queda algo de qué ocuparse: el agua. Así pues, en la primera parte del intestino grueso, el colon, se obtiene mucha agua de los residuos de los alimentos.

MUCOSIDAD

MUCOSIDAD

13 TOBOGANES

Ahora los restos de comida están muy secos, de modo que se añade mucosa resbaladiza para ayudar a que se deslicen por la última parte del intestino, llamada recto.

HORA DE COMER

La comida tarda unas 24 horas en recorrer todo el trayecto.

2 p. m. – Comes, se desliza hasta el estómago y se descompone hasta conseguir quimo.

6 p. m. – El quimo se filtra por el esfínter pilórico hasta el duodeno, donde se digiere completamente.

9 p. m. – La comida digerida pasa al íleo, donde las moléculas de comida útiles se absorben y van a la sangre.

11 p. m. – Los residuos pasan al colon, donde se absorbe el agua.

7 a. m. – 1 p. m. – El residuo seco se arrastra por el recto y finalmente sale por el ano.

DESECHO DE RESIDUOS: INTESTINO GRUESO

El intestino grueso, la segunda parte de tu intestino, es mucho más corto que el intestino delgado, pero mucho más ancho.

RESIDUOS

14 SALIDA

Finalmente, lo que queda de la comida es expulsado por el ano.

55

7 EL GRAN APRETUJÓN

Los músculos de la pared intestinal empujan los alimentos por el intestino. Estos músculos se relajan delante de la comida y se contraen tras su paso, arrastrándola. Estas oleadas de movimiento muscular se llaman peristalsis, y también ayudan a triturar la comida.

MALTASA

LACTASA

SACARASA

8 TIJERAS QUÍMICAS

Más enzimas: la maltasa, la lactasa y la sacarasa descomponen con cuidado los azúcares simples en un azúcar aún más simple que tu cuerpo necesita: la glucosa. Esta descomposición de comida en elementos químicos más pequeños se llama digestión.

9 ABSORCIÓN

Cuando alcanza la última parte del intestino delgado, llamado el íleon, el quimo está totalmente descompuesto. Ahora está lleno de moléculas de alimentos tan pequeñas que pueden ser absorbidas por el flujo sanguíneo.

10 VELLOSIDADES

El intestino está revestido con millones de vellosidades como dedos. Estas incrementan muchísimo la superficie del intestino para que la absorción se extienda por una zona más vasta.

¡VAYA NERVIOS!

Tu sistema nervioso está formado por largas células nerviosas, llamadas neuronas, que envían señales por todo tu cuerpo mediante una mezcla de química y electricidad. Las neuronas sensoriales reciben mensajes de los sentidos, y las neuronas motoras envían mensajes a los músculos.

2 ... ¡YA!

Cuando te pinchas un dedo, un receptor envía iones de sodio a la fibra nerviosa, que recorre todo el trayecto desde tu brazo hasta la columna vertebral.

3 PUERTAS ABIERTAS

La liberación de iones de sodio dice a las «puertas de sodio» especiales de toda la pared nerviosa que se abran. Al momento, entran más iones de sodio fluyendo desde el exterior. Estos iones son positivos, así que el interior del nervio cambia rápidamente a positivo.

1 PREPARADOS, LISTOS...

Bajo tu piel, unos receptores situados en el extremo de los nervios sensoriales esperan para decirte qué sucede. Cuando no pasa nada, el interior del nervio tiene una carga eléctrica negativa, porque contiene muchos iones de proteínas. Los iones son pequeñas partículas con carga eléctrica, y la carga de los iones de la proteína es negativa.

¡CUIDADO CON EL HUECO!

Dos células nerviosas no se tocan, sino que se envían señales a través del hueco o «sinapsis» que las separa cuando liberan un mensajero químico llamado neurotransmisor. Los nervios receptores solo aceptan determinados neurotransmisores, de forma que solo reaccionan cuando se libera la partícula química correcta.

10 ¡SEGURIDAD!

El músculo se contrae y tira de tu dedo para alejarlo del pincho. Ocurre superrápido, así que solo te enteras cuando ya ha pasado. ¡Ay!

Muchos movimientos musculares de tu cuerpo suceden de forma inconsciente, como en este caso. Se llaman reflejos, y dejan que tu cuerpo reaccione ante un peligro rápidamente antes de que se haga daño.

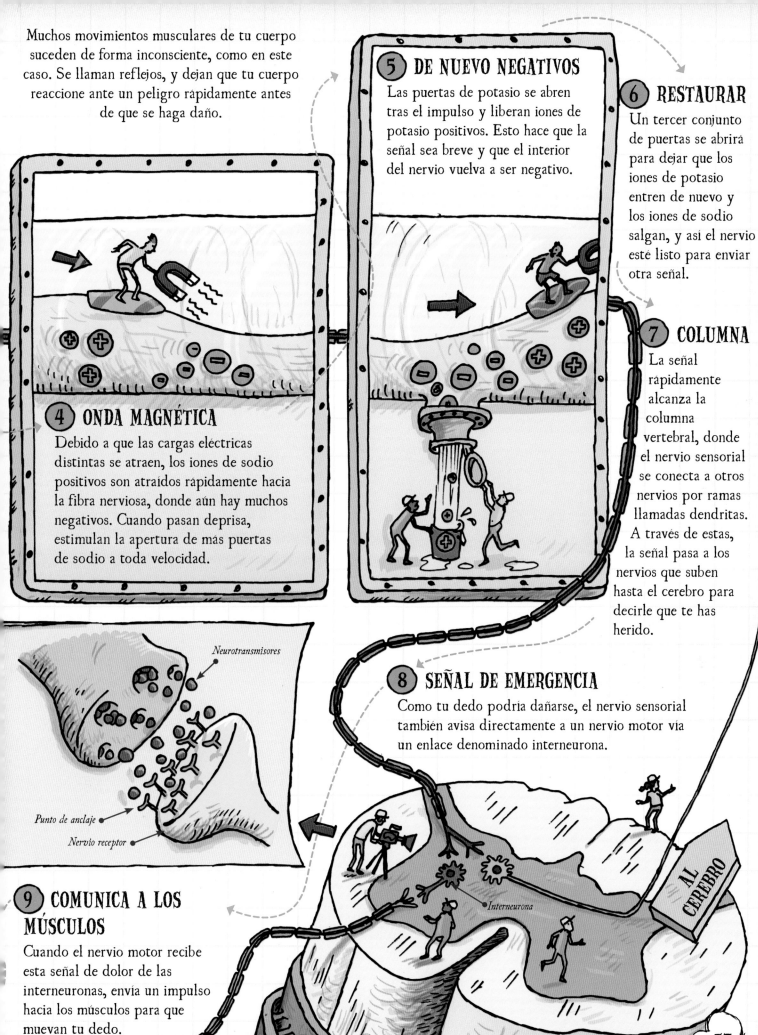

5 DE NUEVO NEGATIVOS

Las puertas de potasio se abren tras el impulso y liberan iones de potasio positivos. Esto hace que la señal sea breve y que el interior del nervio vuelva a ser negativo.

6 RESTAURAR

Un tercer conjunto de puertas se abrirá para dejar que los iones de potasio entren de nuevo y los iones de sodio salgan, y así el nervio esté listo para enviar otra señal.

4 ONDA MAGNÉTICA

Debido a que las cargas eléctricas distintas se atraen, los iones de sodio positivos son atraídos rápidamente hacia la fibra nerviosa, donde aún hay muchos negativos. Cuando pasan deprisa, estimulan la apertura de más puertas de sodio a toda velocidad.

7 COLUMNA

La señal rápidamente alcanza la columna vertebral, donde el nervio sensorial se conecta a otros nervios por ramas llamadas dendritas. A través de estas, la señal pasa a los nervios que suben hasta el cerebro para decirle que te has herido.

Neurotransmisores

Punto de anclaje

Nervio receptor

8 SEÑAL DE EMERGENCIA

Como tu dedo podría dañarse, el nervio sensorial también avisa directamente a un nervio motor vía un enlace denominado interneurona.

9 COMUNICA A LOS MÚSCULOS

Cuando el nervio motor recibe esta señal de dolor de las interneuronas, envía un impulso hacia los músculos para que muevan tu dedo.

Interneurona

AL CEREBRO

57

¿CÓMO VES?

Los ojos son una cámara sorprendente con unas potentes lentes incorporadas que captan una imagen fantásticamente clara del mundo. Detrás de los ojos, tu cerebro tiene un inteligente sistema de procesamiento visual para captar al instante la imagen.

1. LA LUZ ENTRA EN EL OJO

La luz entra en los ojos por la córnea, que curva los rayos de luz del objeto que estás mirando. La luz pasa después por unas pequeñas lentes que ajustan el foco para producir una imagen nítida, tanto si estás mirando algo de cerca como de lejos.

2. ESCOTILLA OSCURA

Entre la córnea y la lente, la luz pasa por la pupila, el agujero oscuro que está en el centro de tus ojos. Parece negra porque tu ojo es oscuro por dentro. El anillo de color a su alrededor es el iris. Cuando la luz es tenue, unos pequeños músculos hacen que el iris se abra para que entre más luz.

4. NOCHE Y DÍA

Tu retina tiene dos tipos de células fotosensibles: los bastones y los conos. Hay 150 millones de bastones que detectan si está oscuro o claro y que funcionan con poca luz. Los conos funcionan mejor con luz e identifican los colores. Hay 8 millones de conos.

Conos

Bastones

Lentes

Córnea

Imagen de la retina

Nervio óptico

3. UNA PELÍCULA

Iris

Las lentes enfocan una imagen en la retina, en la parte posterior del ojo. Esta imagen solo tiene unos pocos milímetros, y aun así a tu cerebro le parece tan grande y real que nunca piensa que es una imagen.

Pupila

9.) PROYECCIÓN

Finalmente, las imágenes del NGL se proyectan en las «pantallas» de tu cerebro, el córtex visual. Ves la acción milisegundos después de que entre por tus ojos.

5.) SENSORES DE LUZ

Cuando suficiente luz choca contra los bastones y los conos, unas minúsculas señales eléctricas van del nervio óptico al cerebro.

Cortex visual

NGL

NGL

DERECHA

7.) ANÁLISIS DE LA LUZ

El NGL (núcleo geniculado lateral) analiza qué tipo de imagen estás viendo: movimiento, patrones, etc., y envía cada uno al lugar correcto de tu cerebro.

Quiasma óptico

IZQUIERDA

Colículo superior

6.) IMAGEN DIVIDIDA

Los nervios ópticos de cada ojo se entrecruzan en una intersección llamada quiasma óptico. Allí, la señal se divide, para que la mitad de cada ojo vaya a la izquierda y la otra mitad, a la derecha. Esto significa que cada lado de tu cerebro obtiene la mitad de la imagen de cada ojo.

8.) RASTREO DE IMÁGENES

Justo al lado del NGL, se encuentra el colículo superior. Este controla el movimiento de tus ojos para que siga cualquier acción.

VISIÓN BINOCULAR

Cada ojo capta una perspectiva ligeramente distinta. Cuanto más cerca están las cosas, mayor es la diferencia. Estos distintos puntos de vista se combinan en tu cerebro para darte idea de una profundidad tridimensional.

Visión del ojo izquierdo

Visión combinada

Visión del ojo derecho

59

¿CÓMO FUNCIONA EL OÍDO?

Los sonidos son vibraciones en el aire, fuertes o suaves, rápidas o lentas. El movimiento que se produce cuando suenan las cuerdas de una guitarra hace que el aire vibre de un lado a otro. Y sucede lo mismo con otros sonidos. Tus oídos son unas magníficas máquinas sensoriales diseñadas para captar estas vibraciones invisibles*.

CERUMEN

Cada día, la nueva cera de los oídos empuja a la antigua, que se seca y cae en pequeños grupos o escamas continuamente, mientras hablas, comes e incluso cuando duermes.

OÍDO MEDIO
Aumenta las vibraciones.

Tus oídos tienen 2.000 glándulas que fabrican cerumen.

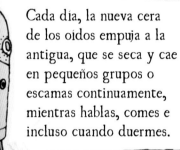

1 CAPTAR

El pliegue de piel que tenemos en la cabeza y llamamos oreja es solo la entrada de tu oído. Los científicos le dan el nombre de pinna. La pinna sencillamente capta las vibraciones del aire y las canaliza por un túnel hacia tu oído interior. Este túnel es el canal auditivo.

2 ¡GOLPEAR!

El sonido viaja por tu cabeza hacia el canal auditivo, hasta que golpea una pantalla de piel que se extiende en su camino. Esta piel es tan tensa y fina como la piel de un tambor; por eso se llama tímpano o tambor. Y suena como este cuando las vibraciones del sonido la tocan. Brmmm.

3 TRES HUESECILLOS

Las vibraciones del tímpano son demasiado débiles para registrarlas. Tres huesecillos del oído medio tienen la función de amplificarlas, hacerlas más fuertes. Estos huesecillos se llaman osículos auditivos, y tienen nombres relacionados con los carpinteros: martillo, yunque y estribo.

OÍDO EXTERIOR
Capta el sonido.

60

* Las vibraciones son ligeras variaciones de presión que se producen cuando el aire se comprime y luego se expande, como si fuera una cuerda de guitarra.

¡FIRMES!

Junto a la cóclea hay un grupo de anillos llenos de fluido llamados canales semicirculares. Cuando mueves la cabeza, el fluido se mueve y envía señales a tu cerebro para indicarle si estas en equilibrio o no.

6 ONDAS EN LA CÓCLEA

El repiqueteo en la ventana oval envía infimas ondas por el fluido de la cóclea. Las ondas de los sonidos agudos tienen poco recorrido. Las de los sonidos graves viajan hasta el mismo centro.

5 GOLPEAR LA VENTANA

El siguiente es el oído interno. Es un tubo enroscado como un caracol, lleno de fluido. Se llama cóclea. Dentro de la cóclea hay una pequeña ventana de piel (ventana oval) que es golpeada por el huesecillo estribo.

Huesecillos

Cóclea

4 INCREMENTAR LA INTENSIDAD

Cuando el timpano vibra, agita el martillo, que golpea el yunque, y este sacude el estribo. El martillo es el hueso más grande de los tres, así que se mueve mucho con cada vibración. El estribo solo vibra un poco, pero cada vibración es más fuerte.

OIDO INTERNO
Detecta los sonidos.

8 ¡LO OIGO!

Los cilios del oído interno están unidos a los nervios. Cuando se mueven de un lado a otro con las ondas del fluido, envían señales comunicando al cerebro que se produce este sonido.

AL CEREBRO

Cilios

7 PLIEGUE DE PIEL

Envuelto alrededor de la cóclea, hay un pliegue de piel que cubre los pelillos llamados cilios. Es el órgano de Corti. Cuando las ondas ondulan, la solapa del órgano mueve los cilios de un lado a otro.

¿CÓMO FUNCIONAN EL OLFATO Y EL GUSTO?

Tu nariz es un importante aparato detector de sustancias químicas. Puede identificar unos 3.000 componentes químicos. La lengua también es un detector químico.
Distingues el sabor de la comida por la nariz y por la lengua a la vez.

1. EL OLFATO

Dentro de la parte superior de la nariz, hay un pequeño parche de sensores olfativos llamado epitelio olfatorio. Cada uno de estos sensores en el revestimiento de la nariz tiene su propia antena, como un pelo, que se introduce en la corriente de aire y recoge moléculas de olor.

2. ¡ES MI OLOR!

Hay unos 400 tipos de sensores, cada uno en busca de su propia molécula de olor favorita. Cada molécula de olor puede estimular unos pocos sensores, mientras el resto de los sensores ignora esa molécula completamente.

3. ALERTA DE OLOR

Cuando un sensor detecta su molécula, envía una señal a través de los canales que hay en el fino hueso situado encima. La señal va a la zona de recepción de olor de la nariz, el bulbo olfatorio.

Nariz

Lengua

Bulbo olfatorio

Hueso

¿QUÉ ES EL OLOR?

Las cosas huelen cuando desprenden vapor, un chorro de pequeñas moléculas que flotan en el aire. El proceso empieza cuando estas moléculas viajan hasta el equipo de detección de tu nariz.

Sensores del epitelio olfatorio

Molécula de olor

5. ¡SUFICIENTE!

Cuando un glomérulo capta la señal de un sensor, envía el mensaje al cerebro. Cada olor estimula no solo un glomérulo, sino también una combinación particular. De este modo, el cerebro identifica el olor de las señales enviadas por una combinación de glomérulos.

4. ¡TE TENGO!

Cada tipo de sensor envía su mensaje a una zona particular del bulbo olfatorio. La zona se llama glomérulo. Tenemos unos 2.000, todos preparados y esperando recibir la señal de un tipo de sensor concreto.

GUSTO

1. PAPILAS GUSTATIVAS

Los receptores químicos de la lengua se llaman papilas gustativas. Tenemos unas 10.000 o más, insertadas profundamente en pequeños hoyos por toda la lengua. Se pueden ver en forma de bultitos o papilas en tu lengua.

Papila gustativa

Célula receptora

2. LOS CINCO SABORES

Existen diferentes tipos de papilas gustativas, todas sensibles a una clase distinta de sabor. Hay papilas gustativas para los sabores salado, dulce, amargo y ácido. Y también para un sabor llamado umami, que es un sabor fuerte que tienen algunos platos de carne y la salsa de soja.

3. ALERTA GUSTATIVA

En cada papila gustativa hay un grupo de células con pelillos en el extremo. La saliva con el sabor de la comida baña estos pelillos. Si el sabor es el correcto para la papila, los pelillos estimulan las células sensoras que hay debajo para que envíen una señal a tu cerebro.

¿CÓMO PIENSAS?

Tu cerebro es un ordenador asombroso. Consta de casi cien mil millones de células nerviosas. Cada una establece miles de conexiones con las demás, de modo que hay billones de rutas alternativas para las señales nerviosas. Todas estas conexiones hacen que pienses y seas inteligente.

ESTIMULAR LA MENTE

Tu cerebro es, en realidad, un 85 % agua y algo de grasa. Pero lo que importa son todas las células nerviosas que están unidas en apretados haces por células de apoyo. Todas las ideas llegan como señales que pasan por esta sorprendente red.

HEMISFERIO IZQUIERDO
(EXTERIOR)

CÓRTEX SENSORIAL
Donde sientes la piel: dolor, calor, tacto y otras cosas.

ÁREA DE BROCA
Controla lo que dices.

CÓRTEX AUDITIVO
Donde interpretas los sonidos.

LÓBULO FRONTAL
Donde decides qué hacer y donde moverte.

LÓBULO TEMPORAL
Reside la imaginación, la inteligencia, la emoción y el idioma.

¿PENSAMOS EN ELLO?

La capa exterior rugosa o córtex es donde se procesan los pensamientos conscientes. Estos son los pensamientos que conoces. ¡Hay otros pensamientos subconscientes que se procesan en lo más profundo de tu cerebro de los que conoces muy poco!

HEMISFERIO DERECHO
(INTERIOR)

DOS MITADES

El cerebro esta dividido en dos mitades o hemisferios unidos por un haz de nervios. Algunos científicos opinan que el lado izquierdo es responsable de los pensamientos lógicos y más detallados, mientras que el derecho se ocupa de la parte más emocional.

DERECHO

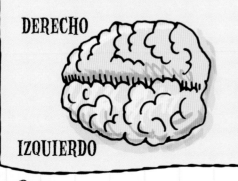

IZQUIERDO

LO SABÍA

Las ideas o pensamientos son señales nerviosas que circulan por el cerebro y te permiten hablar, pensar, reír y llorar, amar y odiar, y hacer todo lo que te hace ser tú. Lo que piensas depende de qué recorrido nervioso se active. Los recorridos que se usan mucho se vuelven más rápidos y fuertes. Los que apenas se usan suelen perderse.

CENTRO DEL OLFATO
Procesa lo que hueles.

AMÍGDALA
La amígdala controla las emociones y ayuda a tomar decisiones.

LÓBULO PARIETAL

Sentir cosas, ser consciente, prestar atención, lectura.

EN CONTACTO CON TU CUERPO

El cortex recibe todas las señales de lo que siente tu cuerpo y responde con mensajes para moverlo. Algunas areas, llamadas <<areas de asociación>>, se vuelven más activas cuando haces ciertas cosas y están vinculadas a partes concretas de tu cuerpo.

00:15

LÓBULO OCCIPITAL

Procesa lo que ves.

ÁREA DE WERNICKE

Comprensión de lo que dicen los demás.

TÁLAMO

Transmite señales de un lado a otro de tu cerebro y ayuda a despertarte o a enviarte a dormir.

Glandula pituitaria (v. pp. 42 y 75)

HIPOCAMPO

Esta vinculado al estado de animo, el aprendizaje y la fuerza de voluntad.

¿RECUERDAS?

Tu cerebro almacena recuerdos realizando nuevas conexiones entre las células cerebrales. Hay diferentes tipos de memoria:

Memoria sensorial. Tus sentidos siguen viendo, oyendo o sintiendo algo poco después de que dejen de hacerlo.

Memoria a corto plazo. Tu cerebro almacena algo, como un nombre, lo suficiente como para que pase a tu memoria a largo plazo.

Memoria a largo plazo. Tu cerebro realiza conexiones fuertes para que recuerdes cosas durante mucho tiempo.

Memoria declarativa. Comprende las cosas que recuerdas de forma consciente, como el nombre de tu actor favorito.

Memoria no declarativa. Comprende las cosas que recuerdas de forma subconsciente, como atarte los cordones de los zapatos.

HIPOTÁLAMO

Controla tu calor y lo temperamental que eres.

EL CEREBRO INTERNO

Es como una masa humeda, pero en el suceden muchas cosas y su estructura interna es muy compleja.

CEREBELO

El cerebelo tiene forma de ciruela y esta en la parte posterior del bulbo raquídeo; controla el equilibro y la coordinación.

BULBO RAQUÍDEO

Es una zona profunda en el centro de tu cerebro que controla tu respiracion y el ritmo cardiaco sin que tú lo sepas.

65

5 ¡ERES COMIDA!

Ya es hora de que la artillería pesada entre en acción: los macrófagos. *Macrófago* significa 'gran comida', y es precisamente lo que hace: se traga los gérmenes enteros. Una vez engullidos, los gérmenes son eliminados por químicos tóxicos.

Macrófago

4 ¡ADELANTE, CHICOS!

Pronto el sistema del complemento se pone en marcha. Su función es estimular que otros defensores sigan luchando. Ataca a los gérmenes químicamente, por ejemplo, y envía oleadas de proteínas llamadas citocinas, que recorren tu cuerpo induciendo a las defensas del cuerpo a trabajar.

3 LA BATALLA

Tan pronto como suena la alarma, los vasos sanguíneos se ensanchan y entran montones de fagocitos. *Fagocito* significa 'que come células', y estos pequeños comilones atrapan con furia a los gérmenes. Tu cuerpo siente dolor y se calienta cuando se desencadena la batalla. Esto se llama inflamación, y es lo que hace que te sientas enfermo.

Fagocito

2 ¡ALERTA: INTRUSOS!

Las partículas químicas que atacan a los intrusos circulan continuamente por la sangre. Las patrullas de seguridad de los glóbulos blancos también están en guardia. Y cuando detectan a un intruso, envían una alarma química.

¿POR QUÉ TE MEJORAS?

Cuando tu cuerpo se halla bajo el ataque de los gérmenes, se defiende con una serie de armas llamadas sistema inmunitario. Es tan inteligente que los científicos todavía no comprenden del todo cómo funciona.

1 TEJIDO CUTÁNEO

La piel es tu primera línea de defensa. ¡Las células epiteliales están tan bien tejidas que ni una bacteria puede colarse! Las glándulas expulsan sebo, un aceite que mantiene tu piel húmeda y no deja que se agriete. También es ligeramente ácida, lo que no gusta a algunas bacterias. Los gérmenes también pueden ser expulsados por bacterias amigas.

Sebo

DEFENSAS EXTERIORES

Como una fortaleza, tu cuerpo tiene montones de barreras y trampas que evitan que los gérmenes entren.

Los gérmenes que intentan colarse en tu nariz quedan atrapados en la mucosa o pueden expulsarse con estornudos.

Los gérmenes que se ocultan en tu comida pueden vomitarse.

REACCIÓN RÁPIDA

Algunas veces gérmenes, como los virus, entran en tu cuerpo para empezar su odioso trabajo. Al momento, tus defensas interiores comienzan a luchar con el sistema inmunitario innato. No es especialmente inteligente y se ocupa de todos los intrusos de la misma forma brusca. Pero entra en acción superrápido.

¿CÓMO ENFERMAS?

Enfermar no es nada bueno. A veces el problema es interno, como un cáncer. Pero más a menudo el problema proviene del exterior. Tu cuerpo es atacado por microbios, como los virus. Casi siempre tu cuerpo puede combatirlos, pero a veces te hacen enfermar.

BACTERIAS

Las bacterias son los microbios más comunes. Hay muchos miles de diferentes tipos. Pero están todos formados por una célula y pueden multiplicarse con mucha rapidez.

La mayoría de los microbios se propagan por el aire cuando se estornuda, se tose o simplemente respirando.

ESPIRILOS

Los espirilos parecen pequeños fideos en espiral. Están presentes en mariscos mal cocinados y agua de boca estancada, y causan diarrea y dolor de estómago.

COCOS

Los cocos son bacterias de forma esférica. A menudo viven inofensivas en nuestra nariz, lo que significa que se propagan fácilmente. Pero pueden causar enfermedades muy perjudiciales, entre ellas la neumonía, la escarlatina y la meningitis.

Los gérmenes también se propagan por la comida, especialmente la comida sin cocinar.

BACILOS

Los bacilos son como bastoncillos largos y finos. Provocan enfermedades terribles, como el tétanos, el tifus, la tuberculosis (TB), la tosferina y la difteria. ¡No son bienvenidos!

ORGÁNICOS PERJUDICIALES

También puedes enfermar por las esporas de los hongos y por pequeños protozoos.

VIRUS

Las bacterias son pequeñas, pero los virus aún lo son más y solo se pueden ver con microscopios potentes. En realidad, no pueden vivir por sí mismos. Solo sobreviven y se multiplican cuando ocupan otras células.

RUBEOLA

La rubeola está causada por un virus conocido como togavirus. Se propaga mediante la humedad que desprende la nariz o la garganta de alguien que esté infectado, igual que un resfriado.

GRIPE

Los virus de la gripe hacen que te resfríes y enfermes de gripe. Como si fuesen criminales se disfrazan, y por ello es difícil seguirles la pista. Hay más de 500 tipos y otros nuevos apareciendo en todo momento.

Los gérmenes se propagan por el sudor, la saliva y la sangre.

ADENOVIRUS

Los adenovirus pueden infectar tus pulmones y hacerte toser. Se introducen en tus ojos, causando conjuntivitis. Incluso pueden pasar directamente a tus intestinos y provocarte diarrea.

VIH

El virus de inmunodeficiencia humana (VIH) causa la terrible enfermedad del sida. Hace que tu sistema inmunitario ataque a tu cuerpo en lugar de combatir la enfermedad. *Sida* significa 'síndrome de inmunodeficiencia adquirida'.

Algunos gérmenes se propagan por contacto. Puedes contagiarte tocando una superficie que haya tocado alguien con gérmenes.

¿POR QUÉ ME ENCUENTRO TAN MAL?

Los gérmenes pueden dañar tu cuerpo liberando toxinas o alterando los procesos corporales. Cuando nos invaden, nuestro cuerpo empieza a combatirlos. Muchos de los desagradables síntomas, como la fiebre y el dolor en las articulaciones, son efectos secundarios de esta lucha más que un efecto directo del propio germen.

PLAGAS DE PARÁSITOS

Los parásitos, como la tenia, son animales que se introducen en nuestro cuerpo e intentan vivir de él.

RECUERDA...

Al final los gérmenes son derrotados y te empiezas a recuperar, pero las células de memoria rondan por ahí. Están a mano para organizar una respuesta mucho más rápida y potente por si los mismos molestos gérmenes lo intentan de nuevo. Las vacunas funcionan infectándote ligeramente con el germen para crear células de memoria armadas y listas para un ataque real.

14 VIRUS ESCURRIDIZOS

Las células T asesinas se ocupan de los virus que se cuelan en las células de tu cuerpo. Los virus dejan un antígeno en la parte exterior de la célula. Las células T asesinas lo ven, lo encierran en la célula y lo inundan de químicos tóxicos que matan la célula y el virus.

13 ¡TE PILLÉ!

Los anticuerpos se aferran a los antígenos de los gérmenes invasores haciendo que sean apetitosos para los fagocitos que, como los macrófagos más grandes, se tragan a los gérmenes señalados.

12 PISTOLAS DE PLASMA

Las células de plasma fabrican montones de pequeñas partículas llamadas anticuerpos. Los anticuerpos son como etiquetas y están hechos a propósito para cada germen. ¡Se cree que hay billones de tipos distintos!

11 CÉLULAS B

Como los T colaboradores, hay células B para cada germen y son las que se ocupan de los gérmenes que quedan sueltos. Reaccionan a los elementos químicos que envían las células T colaboradoras cada vez que encuentran su propio germen objetivo. Se multiplican y dividen en más glóbulos blancos llamados células de plasma y células de memoria.

71

6 ¡ESTÁN GANANDO!

A veces los gérmenes se multiplican y superan a los comedores de células. Las bajas de la batalla son eliminadas por los drenajes del cuerpo: el sistema linfático. Y los virus pueden colarse y ocultarse dentro de las células de tu cuerpo. Entonces se necesita más ayuda y urgente...

7 ¿AMIGO O ENEMIGO?

No querrás que tu sistema inmunitario ataque a tus propias células. Por suerte, todos los gérmenes tienen sus etiquetas de identidad, llamados antígenos. Después de que un macrófago se coma un virus, expulsa el antígeno para que se muestre en la superficie del macrófago.

SELECCIÓN

Ya se pone en marcha tu sistema inmunitario adaptativo. Tarda un poco en actuar, pero identifica a cada germen y lo recuerda. De esta forma puede proporcionar una respuesta instantánea si el germen ataca de nuevo. También sabe cómo ocuparse de los escurridizos virus.

8 ¡ALERTA: INTRUSOS!

Tu sistema linfático ha comprobado los centros llamados nodos. Aquí los glóbulos blancos de tu sangre denominados linfocitos buscan antígenos que identifiquen a un intruso.

Nodo linfático

9 ACOPLAMIENTO

Los glóbulos blancos llamados linfocitos T colaboradores buscan los antígenos en los macrófagos. Hay un T colaborador para cada tipo de germen, y cuando ve a su antígeno, el linfocito T colaborador se acopla a él.

10 ¡FIESTA!

Cuando un T colaborador se acopla, se estimula. Se multiplica y envía sustancias químicas que hacen que otros glóbulos blancos llamados células B y células T asesinas también se estimulen.

¿POR QUÉ TE PARECES A TU MADRE Y A TU PADRE?

Probablemente te pareces a tus padres porque usáis la misma «receta» o genes. Básicamente eres una mezcla de los genes de tu padre y de tu madre. Pero tienes algunos que solo son tuyos, creados por pequeños cambios al azar llamados mutaciones.

1. LA DOBLE ESPIRAL

Dentro de cada célula existe una enmarañada sustancia química, el ADN. El ADN está formado por dos largas hebras enroscadas en una doble espiral o «hélice» similar a una escalera de cuerda retorcida.

2. PELDAÑOS

Sustancias químicas denominadas bases recorren cada hebra. Cada una se une a una base en la otra hebra y forman los peldaños de la escalera. Hay cuatro tipos de bases: guanina, adenina, citosina y timina.

3. BASES CORRESPONDIENTES

La guanina solo se une con la citosina, y la adenina solo con la timina. Así que la secuencia de bases por las dos hebras tiene que corresponderse. Esto significa que cada cadena puede usarse para hacer una copia de la otra.

4. EL CÓDIGO GENÉTICO

Las bases proporcionan un código para fabricar sustancias químicas llamadas aminoácidos. Cada base es como una letra, y estas se organizan en grupos de tres letras formando palabras denominadas codones. Cada codón es el código para un aminoácido particular.

INSTRUCCIONES DOBLES

Todos tus genes están almacenados en cada una de las células en 46 minúsculos grupos de ADN llamados cromosomas. Todos estos cromosomas están en pares, excepto dos: los cromosomas sexuales, conocidos como X e Y. Si tienes dos X eres una chica, y si tienes una X y una Y eres un chico. Aparte de la X y la Y, los pares de cromosomas se corresponden con genes en el mismo lugar («locus») en cada mitad del par, de modo que tienes dos conjuntos de instrucciones para todo.

Mujer

Hombre

GENES GANADORES

Muchos rasgos son una mezcla de ambos conjuntos de genes. Pero en algunos casos, un gen más débil o «recesivo» siempre da paso a un gen más fuerte «dominante». Los ojos azules son genes recesivos, los marrones son dominantes. Así, si tienes un gen de ojos marrones, seguramente tendrás ojos marrones. Si ambos genes son de ojos azules, entonces tus ojos serán azules.

6. LOS GENES FORMAN UN CUERPO

Toda la secuencia de genes de todas las cadenas de ADN en todos tus cromosomas es suficiente para fabricar todas las proteínas necesarias para construir tu cuerpo.

FRAGMENTOS QUE FALTAN

Los científicos creían que solo los genes constituían la receta. Pero no puedes hacer un pastel con solo una lista de ingredientes. Y parece que se necesita algo más que genes para hacer un cuerpo. Los científicos aún no saben qué es.

5. LOS CODONES FORMAN GENES

Las secuencias de codones son como frases, y cada frase es un gen. Las palabras de cada frase forman la combinación de aminoácidos necesarios para fabricar una proteína en concreto.

¿CÓMO ES UN CHICO Y CÓMO UNA CHICA?

Todo empieza cuando el hipotálamo libera la hormona GRH. Entonces, la glándula pituitaria cercana reacciona liberando sus propias hormonas FSH y HL.

Cuando eres pequeño, tu cuerpo funciona de la misma forma tanto si eres chico como si eres chica. Eres diferente y tienes genitales distintos, pero los sistemas de tu cuerpo funcionan igual.

Esto cambia cuando llegas a la pubertad. Entonces, tu sistema reproductor, las partes de tu cuerpo que sirven para crear niños, empiezan a desarrollarse realmente.

Vejiga

Testículo

Conducto del esperma

LAS HORMONAS

Seis hormonas clave desempeñan su papel en las diferencias entre las chicas y los chicos. Las hormonas son mensajeros químicos que desencadenan procesos mientras circulan por la sangre.

3. CAMBIOS MASCULINOS

Cuando surten efecto las hormonas sexuales masculinas, a un chico le sale pelo entre las piernas, bajo los brazos y en la barbilla. Sus testículos empiezan a fabricar esperma y, cuando tiene unos 15 años, fabrica 200 millones de espermatozoides al día.

HORMONA LIBERADORA DE GONADOTROPINA (GRH)

HORMONA FOLICULOESTIMULANTE (FSH)

HORMONA LUTEINIZANTE (HL)

TESTOSTERONA

HORMONAS CEREBRALES

2. HORMONAS SEXUALES

Pronto los ovarios de las chicas y los testículos de los chicos empiezan a crecer y envían <<hormonas sexuales>>. En las chicas, estas hormonas son el estrógeno y la progesterona; en los chicos, la testosterona.

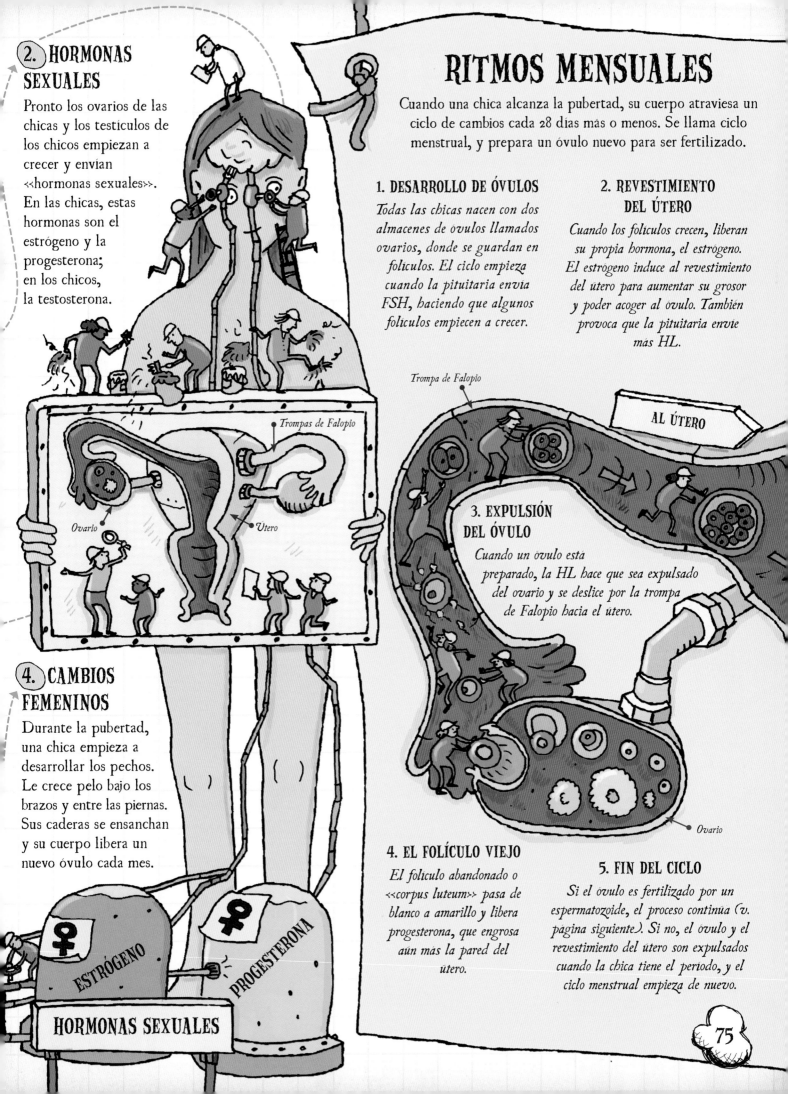

Trompas de Falopio

Ovario

Útero

4. CAMBIOS FEMENINOS

Durante la pubertad, una chica empieza a desarrollar los pechos. Le crece pelo bajo los brazos y entre las piernas. Sus caderas se ensanchan y su cuerpo libera un nuevo óvulo cada mes.

ESTRÓGENO

PROGESTERONA

HORMONAS SEXUALES

RITMOS MENSUALES

Cuando una chica alcanza la pubertad, su cuerpo atraviesa un ciclo de cambios cada 28 días más o menos. Se llama ciclo menstrual, y prepara un óvulo nuevo para ser fertilizado.

1. DESARROLLO DE ÓVULOS

Todas las chicas nacen con dos almacenes de óvulos llamados ovarios, donde se guardan en folículos. El ciclo empieza cuando la pituitaria envía FSH, haciendo que algunos folículos empiecen a crecer.

2. REVESTIMIENTO DEL ÚTERO

Cuando los folículos crecen, liberan su propia hormona, el estrógeno. El estrógeno induce al revestimiento del útero para aumentar su grosor y poder acoger al óvulo. También provoca que la pituitaria envíe más HL.

Trompa de Falopio

AL ÚTERO

3. EXPULSIÓN DEL ÓVULO

Cuando un óvulo está preparado, la HL hace que sea expulsado del ovario y se deslice por la trompa de Falopio hacia el útero.

Ovario

4. EL FOLÍCULO VIEJO

El folículo abandonado o <<corpus luteum>> pasa de blanco a amarillo y libera progesterona, que engrosa aún más la pared del útero.

5. FIN DEL CICLO

Si el óvulo es fertilizado por un espermatozoide, el proceso continúa (v. página siguiente). Si no, el óvulo y el revestimiento del útero son expulsados cuando la chica tiene el periodo, y el ciclo menstrual empieza de nuevo.

GLOSARIO

Aquí tienes una guía útil que te ayudará con algunas palabras difíciles que encontrarás en este libro.

ADN Sigla de *ácido desoxirribonucleico*. Es una molécula química larga y compleja que se encuentra en todas las células vivas. Porta las instrucciones necesarias para construir un cuerpo.

Adrenalina Hormona que envían tus glándulas adrenales que están sobre los riñones. Ayuda a estimular los procesos de tu cuerpo en caso de emergencia.

Aeróbico El modo usual de trabajar de tus músculos cuando tienen oxígeno suficiente.

Alveolo Uno de los millones de minúsculos saquitos de tus pulmones, que están agrupados como racimos de uvas.

Anaeróbico Cuando tus músculos tienen que trabajar sin oxígeno.

Anticuerpo Uno de los millones de distintas proteínas que están formadas por glóbulos blancos, cada uno apuntando a gérmenes distintos.

ARN Una forma temporal de ADN usada para el trabajo de cada día.

Arteria Un largo vaso sanguíneo que transporta sangre del corazón.

Aurícula Uno de los espacios superiores de tu corazón, donde se guarda la sangre que entra en los ventrículos.

Bacterias Microbios pequeños. La mayoría son inofensivas, pero hay algunas que pueden hacerte enfermar.

Capilar Vaso sanguíneo microscópico que transfiere sustancias entre la sangre y las células del cuerpo.

Carbohidrato Una parte de alimento que tu cuerpo convierte en glucosa para proporcionar energía.

Cartílago Material duro, pero gomoso, que protege los extremos de los huesos y da forma a algunas partes de tu cuerpo, como la nariz y las orejas.

Célula Una de los trillones de minúsculas unidades básicas que forman tu cuerpo.

Cilios Estructuras capilares microscópicas. Millones de ellos forran las superficies de tu cuerpo, como las vías respiratorias, y se ondulan para mover las cosas.

Circulación El movimiento de la sangre alrededor del cuerpo.

Citoplasma Material que forma el interior de cada célula. Está hecho de un fluido lleno de diminutas estructuras.

Colágeno Material duro que une partes de tu cuerpo.

Diafragma Membrana muscular con forma de cúpula bajo los pulmones.

Embrión Nombre para un bebé en desarrollo hasta la semana 8 de embarazo.

Enzima Proteína que desencadena reacciones químicas en tu cuerpo.

Esqueleto La estructura ósea de tu cuerpo.

Feto Nombre para un bebé en desarrollo después de la semana 8 de embarazo.

Gen Parte del ADN que es responsable de proporcionar instrucciones para fabricar una proteína en particular.

Glóbulo blanco Nombre dado a una amplia gama de células del sistema inmunitario. Circulan por la sangre defendiendo tu cuerpo de todo tipo de gérmenes.

Glóbulo rojo Uno de los 20-30 trillones de células de tu sangre que transportan oxígeno dándole a esta un color rojo brillante.

Glucosa El tipo más sencillo de azúcar, que tu cuerpo usa como su principal fuente de energía.

Hemoglobina Una proteína que contiene hierro en todos los glóbulos rojos, que capta oxígeno para su viaje hacia las células de tu cuerpo.

Hormona Mensajero químico liberado por las glándulas, que circula por la sangre para decir a las células de tu cuerpo qué hacer.

Leucocitos Otro nombre para los glóbulos blancos.

Linfocito El nombre de un tipo de glóbulos blancos que combaten a los gérmenes. Incluyen los linfocitos B, los linfocitos T y los T asesinos.

Mitocondria Una de las minúsculas centrales de energía que hay en cada célula. Generan energía a partir del azúcar y el oxígeno.

Músculo esquelético El tejido muscular que forman los músculos unidos a tu esqueleto y que permiten moverte.

Músculo estriado Otro nombre para el músculo esquelético. Los músculos estriados están formados por hileras de fibras musculares que les dan un aspecto de tiras o estriado.

Músculo liso El tejido muscular que forma tubos y bolsas dentro de tu cuerpo. El músculo liso se encuentra en el intestino, donde empuja los alimentos en su interior, y en los vasos sanguíneos, donde controla el flujo sanguíneo.

Neurona Célula nerviosa.

Neurotransmisor Mensajero químico que pasa una señal de una célula nerviosa a otra por el espacio que hay entre ellas, llamado sinapsis.

Órgano Una de las agrupaciones especiales de tejidos de tu cuerpo que realiza una función particular, como, por ejemplo, el corazón y el hígado.

Osteocito Un tipo especial de célula que construye huesos.

Oxígeno El gas que hay en el aire que todas las células de tu cuerpo necesitan para extraer energía de la glucosa.

Proteína El principal material constructor de tu cuerpo y una parte esencial de tu dieta.

Pulso Movimiento rítmico de tu sangre cuando el corazón la bombea.

Quimo Fluido blando en que se convierte la comida en el estómago y en los intestinos para la digestión.

Sarcómero Una de las minúsculas unidades de energía que forman el tejido muscular.

Sinapsis El pequeño espacio entre células nerviosas vecinas.

Sistema cardiovascular Tu corazón y circulación sanguínea, que proporcionan oxígeno y comida a las células de tu cuerpo y ayudan a defenderlo contra los gérmenes.

Sistema digestivo El largo tubo que recorre tu cuerpo desde la boca hasta el ano. Su función es descomponer los alimentos que comes en partículas químicas que tu cuerpo pueda absorber y usar en varios procesos.

Sistema endocrino Sistema de glándulas que liberan hormonas químicas en la sangre para controlar el funcionamiento de tu cuerpo.

Sistema inmunitario Gama de defensas inteligentes y variadas contra gérmenes. Incluye los glóbulos blancos y los anticuerpos.

Sistema linfático Red de tubos que transportan un líquido llamado linfa. Desempeña su función en el sistema inmunitario y en el circulatorio.

Sistema nervioso El sistema mensajero de tu cuerpo, incluidos el cerebro, la columna vertebral y los nervios. Transporta información al cerebro de los sensores que hay en todo el cuerpo y envía mensajes a las distintas partes del cuerpo diciéndoles cómo se deben comportar.

Sistema respiratorio Incluye tus pulmones y vías respiratorias, que toman oxígeno del aire y lo introducen

en el cuerpo liberando el dióxido de carbono no deseado.

Sistema urinario Sistema que mantiene los niveles de agua de tu cuerpo casi constantes y elimina el exceso en forma de orina. También elimina residuos de tu cuerpo. El sistema incluye tus riñones y vejiga.

Tejido Los materiales básicos de los que está formado tu cuerpo. Los tejidos están constituidos por células similares.

Tejido conectivo Tejido que sostiene los huesos y todos los demás tejidos de tu cuerpo.

Transfusión sanguínea La transferencia de sangre de una persona, el donante, a otra. La sangre donada se da a alguien con el mismo grupo sanguíneo.

Vena Uno de los largos vasos sanguíneos que transportan sangre de vuelta al corazón.

Ventrículo Una de las cámaras inferiores de tu corazón que se contrae para bombear sangre por todo tu cuerpo.

Virus Un minúsculo microorganismo que solo vive cuando ha invadido y se ha apoderado de una célula viva, como una de las células de tu cuerpo.

ÍNDICE ALFABÉTICO